太极拳健身价值解构

杨慧馨◎著

人民体育出版社

图书在版编目（CIP）数据

太极拳健身价值解构 / 杨慧馨著. -- 北京：人民体育出版社，2025

ISBN 978-7-5009-6001-0

Ⅰ．①太… Ⅱ．①杨… Ⅲ．①中年人－太极拳－健身运动－研究②老年人－太极拳－健身运动－研究 Ⅳ．①G852.113

中国版本图书馆 CIP 数据核字(2021)第 034463 号

太极拳健身价值解构

杨慧馨　著

出版发行：人民体育出版社

印　　装：北京中献拓方科技发展有限公司

开　本：710×1000　16开本　印　张：7.5　字　数：130千字
版　次：2025年6月第1版　印　次：2025年6月第1次印刷
书　号：ISBN 978-7-5009-6001-0
定　价：40.00元

版权所有·侵权必究

购买本社图书，如遇有缺损页可与发行与市场营销部联系

联系电话：（010）67151482

社　　址：北京市东城区体育馆路8号（100061）

网　　址：https://books.sports.cn/

前 言

健康，是人们不懈追求的目标，是社会不断发展的基本要素。纵观世界历史，中国是较早关注健康长寿的国家之一。从商末周初《尚书·周书·洪范》中关于"五福、六极"的观点到华佗"五禽戏"技法，以及依托太极阴阳理念的太极拳创立，充分体现了中国先民从养生思想到健身实践的动态变化过程。历史的车轮运转到今天，世界正在以前所未有的速度发生着变化。现代科技的迅猛发展不仅导致了体力活动的减少，还加剧了精神压力。糖尿病、高血压、心脏病等慢性非传染性疾病正威胁着人们的健康。处于健康与疾病临界状态的亚健康更是困扰着现代人。这是一个比以往任何时期都需要关注健康的时代，健康养生需求与日俱增。凝聚了中国"天人合一"整体观思想精髓的太极拳强调形神兼修，内养外炼，既注重形体的锻炼，又强调呼吸、意念的配合，能够满足现代人健身调心的双重需求，是一种安全、有效的健身方式。

太极拳流派众多，拳种丰富，其拳理建立在传统哲学、中医学的基础上，其技法体现了中国人身心一统、以气为主的开放性的身体观。因此太极拳无疑是一种运动方式，但其内涵又远远超出了普通体育的范畴。在现代科学和西方体育理论的背景下，太极拳往往显得有些深奥难解，始终笼罩在一层神秘的面纱之下。本研究融传统哲学、中医学、解剖学、生理学等多学科理论为一体，旨在贯通中西，勾连传统与现代，将太极拳的价值以世人更易理解的方式传递下去，并使其得以传承和发扬。本研究从颇富争议的太极拳技击价值开始，抽丝剥茧，引出太极拳健身价值，论证不同时代背景下太极拳价值功能的发生与演绎。本研究从传统哲学、中医学视角阐释太极拳在"天人合一"的中国文化理念下，构建而成的形神合一、意气相随的技法体系。此外，本研究引入解剖学、生理学、生物力学等理论，解读太极拳锻炼对形、神、气的影响，以及太极拳习练过程中控制与运用人的形、意、气的技法原理。

目 录

第一章 太极拳价值演绎 ·················· 1
- 第一节 发生学的启示 ·················· 1
- 第二节 太极拳技击价值的发生与弱化 ·················· 2
- 第三节 太极拳健身价值的发生与凸显 ·················· 4

第二章 太极拳健身价值的实现载体 ·················· 7
- 第一节 重视形炼 ·················· 9
- 第二节 强调用意 ·················· 12
- 第三节 关注气运 ·················· 16
- 第四节 形神气的相互关系 ·················· 20

第三章 太极拳健身价值的理论基础 ·················· 24
- 第一节 有氧运动——柔和缓慢 ·················· 24
- 第二节 调理气血——形圆体松 ·················· 27
- 第三节 脊柱保健——转腰旋脊 ·················· 28
- 第四节 平衡机能——虚实转换、步走弧形、立足平稳 ·················· 30
- 第五节 神经调节——意连心静 ·················· 36
- 第六节 心理调适——恬淡虚静 ·················· 38
- 第七节 腹式呼吸——细匀深长 ·················· 40
- 第八节 身心合一——整体运动 ·················· 42

第四章 太极拳健身价值的技法要素 ·················· 44
- 第一节 健身要素的提炼 ·················· 44
- 第二节 健身要素的分析 ·················· 47
- 第三节 健身要素的整体涌现性——健身效益 ·················· 62

第五章　太极拳健身价值的科学解读 …… 68
第一节　太极拳形炼的科学解读 …… 68
第二节　太极拳神炼的科学解读 …… 94
第三节　太极拳气炼的科学解读 …… 98

第六章　太极拳在康复医学中的应用 …… 102
第一节　调整异常身体姿势 …… 102
第二节　抑制发育型翼状肩胛 …… 105
第三节　矫正柔韧性扁平足 …… 106
第四节　缓解颈肩肌肉紧张 …… 108

参考文献 …… 110

第一章 太极拳价值演绎

价值论亦称价值哲学，是指关于价值的性质、构成、标准和评价的哲学学说。价值论主要从主体的需要和客体能否满足主体的需要，以及如何满足主体需要的角度，考察和评价各种物质的、精神的现象及主体的行为对个人、阶层、社会的意义。某种事物或现象具有价值，就是人们所需要、感兴趣、所追求的目标，这种价值和追求会随着社会环境的变化而改变。因此，价值是通过人的实践而实现的[①]。

社会事物之间的相互作用在本质上就是价值作用，任何社会事物的运动与变化都以一定的利益追求或价值追求为基本驱动力，几乎所有社会科学都或多或少地与价值论存在某种联系，都自觉或不自觉地以某种价值论为假设前提。由此可见，价值论是整个社会科学的基础理论之一，价值问题是任何社会科学都无法回避的问题。太极拳的理论研究同样离不开对其价值的探讨。从发生学的角度来看，技击和健身是太极拳的两个主体价值。随着社会发展与历史环境的变化，人们对太极拳的需要不再仅仅局限于人与人之间的对决与争斗，彼时技击价值开始发生弱化。与此同时，太极拳也顺应着人们对健康养生的需求，从技术内容到方法经历了适应性的调整和改变，其健身价值愈发凸显。

第一节 发生学的启示

1759年，法国青年医生卡·沃尔夫首先提出了生物的胚胎发育、个体发育以浓缩的形式重演相应物种的系统发育的设想，后经许多学者的进一步论证，形成了重演律理论。德国生物学家恩斯特·海克尔认为，个体发

[①] 陶富源. 价值论及马克思主义价值论[J]. 理论建设，2015（3）：71-85.

生就是种系发生的短暂的、迅速的重演，它是由遗传（生殖）和适应（营养）的生理功能所决定的[①]。探讨个体发生方面的发生学被称为发生学原理。由于这条规律的发现，生物学的进化论和胚胎学的两大领域得以互相印证、互相促进。同时也启示人们从更广阔的视野来考察历史形成和事物发展之间的联系，为研究其他物质系统（如生态系统、经济系统等）和精神系统（如知识系统、哲学系统等）的发展规律提供了参考。于是，发生学作为一种观念与方法从自然科学领域逐渐向人文科学领域渗透，其应用范围也日益广泛。

发生学主要强调知识结构生成的过程，也就是事物从一个阶段过渡到另一个阶段。这种过渡不是基于事件和时间的实证，而是基于观念的推理，从而有效解决了单独从起源角度看待事物缘起所导致的绝对化问题，以及无法解释知识结构生成机制的问题。太极拳价值与功能的发生与演变不仅仅是一个纵向的历史发展过程，它还涉及不同历史时期的客观社会政治、人文环境、经济发展，以及人的主观需要、个体发展等各个层面和领域。目前，学术界公认的观点是太极拳具有技击和健身两种基本的价值与功能。从发生学的角度对此展开研究，有助于我们全面了解这两种价值与功能是在什么样的历史背景和文化环境下产生的，以及经历了怎样的发展过程。

第二节 太极拳技击价值的发生与弱化

从现有的太极拳史研究来看，河南温县陈家沟被认为是太极拳的主要发源地，太极拳的创始人为陈王廷，它大致产生于明代。《太极拳研究》一书中认为，太极拳的创始之初是以技击为主要形态的[②]。这一点在太极拳的理论和技术体系中均有所体现。《拳经总歌》中提及"纵放屈伸人莫知，诸靠缠绕我皆依"，从而达到"人不知我，我独知人，英雄所向无敌"。王宗岳等在《太极拳谱》的《十三势歌》中明确了太极拳"静中触动动犹静，

[①] 恩斯特·海克尔. 宇宙之谜[M]. 上海外国自然科学哲学著作编译组，译. 上海：上海人民出版社，1974：8.
[②] 王宗岳，等. 太极拳谱[M]. 沈寿，点校考译. 2版. 北京：人民体育出版社，1995：242.

因敌变化示神奇"的以静制动、以慢打快的技击形式和方法①。从技术传承的角度来看，陈王廷所创太极拳有二十九势来源于戚继光的《拳经三十二势》，而戚继光的《拳经三十二势》乃为士兵练武之用，具有势势相承、遇敌制胜、变化无穷的特点，并因一改当时流行的华而不实的"花拳"而著称。可见，陈王廷的太极拳深受戚继光朴实无华的技击方法和思想的影响。蔡龙云认为，武术在古代所起的作用，除了击敌、表演、寄托自己的感情，还谈不到"医"这个作用②。像太极拳，从掤、捋、挤、靠等手和臂的动作来看，很显然是"击"的动作。太极拳理论中的"人刚我柔谓之走，我顺人背谓之黏""气宜鼓荡，神宜内敛"，前者是指"击"时的战略；后者是指"击"时要沉着而不使气上浮，要镇静而不要形怒于外的"临敌戒躁"的要求，岂是什么医病之理？"蓄劲如张弓，发劲如放箭"这股劲力的足与快，岂是用在医疗而不是用在"击"上的理论指导？的确，古代太极拳家大多因"打"而名噪一时，如清代的太极拳家陈长兴、杨露禅、武禹襄、李经纶等都怀有较高的技击功夫。旧时武术界对"打"尤为看重，只会花拳绣腿是难以得到认可的。太极拳、八卦掌、咏春拳等传统武术的扬名都是"打"出来的。杨露禅父子能够立足于北京城，同样需要迎接各方挑战，太极拳也因而名噪京城，被视为一门拥有独特技击法则的实战技术。

太极拳吸收了传统阴阳哲学思想，奠定了动静、刚柔、虚实、方圆等阴阳转换、阴阳消长的技击理论基础，形成了避实就虚、引进落空、后发制人等技击方法。练习太极拳能够从"轻缓中求得内外放松"，养成"动急则急应，动缓则缓随"的技击洞察力和反应能力。其以柔克刚、以静待动、以小力胜大力的技击精华在现代仍然具有较强的科学性和实效性。但是，任何事物的发展都必须顺应历史的发展潮流。鸦片战争的全面爆发，使国人认识到拳膊剑戟已无用武之地。武术技击的光芒日渐消退，由保家卫国的神圣使命退化为防身自卫的个体功能。太极拳的技击功能和价值也随着冷兵器时代的结束而逐渐弱化。清朝末年，杨露禅父子在北京城教拳时，

---

① 王宗岳，等. 太极拳谱[M]. 沈寿，点校考译. 2版. 北京：人民体育出版社，1995：34.
② 蔡龙云. 琴剑楼武术文集[M]. 北京：人民体育出版社，2007：54.

深感时人学拳不再只是看重太极拳之搏人之技，而是更多地追求简单易学、健康养生。杨式太极拳应时应运而生，体现了事物发展满足、迎合社会主体需要的价值论原理。中华人民共和国成立后，太极拳的健身价值沿着前代的历史惯性得以顺势发展。1959年，周恩来在北京体育学院会见日本松村谦三时说道："太极拳是中国的一种优秀传统文化，内容十分丰富，充满哲理，与中国传统医学有着血缘关系。学、练太极拳是一项很好的健身运动，可以强身健体，可以防身自卫，也可以陶冶情操，是一种美的享受，还可以给人们生活带来无限情趣和幸福，可以延年益寿。"1978年，邓小平题词"太极拳好"更是掀起了太极拳热。由此，太极拳的技击价值由发生走向弱化。时至今日，只能从健身、竞技等主流太极拳中窥见一丝技击含义，从散落在民间的传统太极拳中回忆往昔的技击辉煌。纵使很多人对太极拳的技击价值仍然念念不忘，但其终归淡漠于人们对太极拳健身价值强烈诉求的滚滚洪流中。

第三节　太极拳健身价值的发生与凸显

唐豪和顾留馨认为，太极拳结合了导引、吐纳和经络学说，采取了螺旋缠丝式的弧形运动，就更扩大了运动效果，加大了爆发力量[1]。这种结合的目的虽为技击，但包含疗病保健的因素。太极拳轻柔和缓、动静相宜、松静用意的技术要领虽为技击而创，却含有丰富的养生健身价值。重意念，使神气内敛；动形体，以行气血；调气机，以养周身。这与古代运动养生的观点一脉相承。王宗岳等较早地认识到了太极拳的养生健身效应，在《太极拳谱》中的《十三势歌》中说道[2]："若言体用何为准？意气君来骨肉臣。详推用意终何在？益寿延年不老春！"杨露禅则开创了太极拳技术改革为健身服务的先河，删繁就简，去掉了太极拳原有的跳跃性和发力动作，从而迎合当时王公贵胄健身养生的需要。之后，吴式、武式、孙式等也都相继

---

[1] 唐豪，顾留馨．太极拳研究[M]．3版．北京：人民体育出版社，1996：1-9．
[2] 王宗岳，等．太极拳谱[M]．沈寿，点校考译．2版．北京：人民体育出版社，1995：35．

删减了发力蹬腿等动作，由显于外的发劲演变为隐于内的内劲运用。

近代以来，太极拳的养生、疗病功能愈发受到重视，其技击价值逐渐弱化。1933 年，创立致柔拳社的陈微明曾经回忆道："创办致柔拳社已四载余，入社学者不下千余人，皆为身体病苦而来者。一年之后，宿疾脱体，精神健旺，颜色光润，无论肺病、咯血、胃病、不能饮食、遗精、痔疮、头痛、头晕、手足麻木、肺胃气痛、种种沉疴，不胜枚举，练太极拳后，莫不霍然。"[1]与此同时，一些学者鉴于太极拳技击价值与健身价值的共存状态，提出了"体用论"思想，他们普遍认为太极拳动作，即通称的盘架子相当于现在的套路，是太极拳的体，推手对练是太极拳的用；盘架子与推手的关系，即体与用的关系，盘架子可以养生、疗病，练习推手则可以防身，它们相辅相成，互为促进。《走架打手行工要言》中对此阐述道："平日走架，是知己功夫。一动势，先问自己：周身合上数不合？少有不合，即速改换。走架所以要慢，不要快。打手，是知人功夫。动静固是知人，仍是问己。"[2]至此，太极拳不仅得到了普通民众对其养生、健身效果的认同，同时也得到了太极拳家们的认可。

中华人民共和国成立后，在政府的大力倡导和准确定位下，太极拳家们综合各派太极拳之所长，编订了 24 式、88 式等适合全民健身需要的太极拳套路，出版了相关的书籍、音像制品等，举办了各种大型的太极拳赛事、交流和展示大会。1998 年天安门广场的万人太极拳表演，2008 年北京奥运会舞台上的惊艳亮相等更是将太极拳运动推向了一个个发展的高潮。根据美国伊利诺伊大学研究报告，仅在美国练习太极拳的人数已超过 500万。另有数据显示，太极拳已传播到 150 多个国家和地区，全球练习太极拳的人数超过 3 亿[3]。太极拳的健身效果得到了世人的关注和认同，已成为享誉世界、造福世人的良好运动方式，其健身价值的凸显超越了以往任何一个时代。

2000 年以后，国内外大量学术论文报道了太极拳的良好影响效果。从

---

[1] 陈微明. 太极答问[M]. 上海：中华书局，1929：42.
[2] 王宗岳，等. 太极拳谱[M]. 沈寿，点校考译. 2 版. 北京：人民体育出版社，1995：70.
[3] 罗帅呈. 习练太极收获健康[N]. 人民政协报，2022-09-09（10）.

此，太极拳的健身价值不再仅局限在人们的主观感受上，而是更多地被现代实验科学所验证。党的十八大以后，人民健康被放在优先发展的战略地位。2016年初，健康中国被写入《中华人民共和国国民经济和社会发展第十三个五年规划纲要》；2016年10月25日，中共中央、国务院印发了《"健康中国2030"规划纲要》；2017年10月，党的十九大报告中提出"实施健康中国战略"；2019年7月，《健康中国行动（2019—2030年）》等相关文件出台。增强全民健康意识，提高全民体育活动度、参与度已成为促进健康中国战略落地的重要保障之一。太极拳由于其适用性强的特征，已成为助力健康中国战略，促进体医融合、体卫融合实现的重要内容，新时代背景下有了更大的"用武之地"与发展空间。

第二章 太极拳健身价值的实现载体

"健康"一词在2000年以前的《新华字典》和《现代汉语词典》中均被解释为：身体机能正常，没有畸形和疾病。这种无病即健康的观念可谓根深蒂固，时至今日，健康体检仍然停留在一般查体、体液化验和仪器检查的层面，仍未涉及心理和精神方面的评估。早在2000年，世界卫生组织就对健康概念作出了修订，在机体发育正常、脏器功能正常的基础上，补充了精神心理正常，人与自然、人与社会适应良好的内容。现代的整体健康观由此奠定，即人的健康应是躯体健康、心理健康、社会健康、道德健康等。其实，中国古人对整体健康观早有认知，并进行了详尽的解读。

健，伉也。这是《说文解字》中的记载。伉是什么意思？伉是指高大刚直。可见古人对健的理解是外在的。"震，其究为健；天行健，君子以自强不息"，《易经》中虽然没有明确说明健与身体的关系，但"乾，健也"，显然更偏重于外在、可见的有形身体。康为穅的本字，本义为谷皮、米糠，后多被引申，如《楚辞·离骚》中的"日康娱而自忘兮"，《礼记·乐记》中的"民康乐"，《汉书·宣帝纪》中的"上下和洽，海内康平"。康即为安、乐，偏指内心的宁静、祥和。中国古人很早就认识到了身心和谐才是真正意义上的健康，由此提出了"形全者神全"[1]、"形具而神生"[2]的养生命题，将"形与神俱，而尽终其天年，度百岁乃去"作为延年益寿、寿终正寝的人生善果。"人禀元气于天，各受寿夭之命，以立长短之形"[3]的气一元论的生命观又将健康物化为阴阳二气在人体内部的不断运行和相对平衡，即"阳注于阴，阴满之外，阴阳匀平，以充其形，九候若一，命曰平

---

[1] 庄周. 庄子全译[M]. 张耿光, 译注. 贵阳：贵州人民出版社, 1991：206.
[2] 《荀子》注释组. 荀子选注[M]. 长春：吉林人民出版社, 1974：4.
[3] 王充. 论衡[M]. 上海：上海人民出版社, 1974：21.

人"①。于是，形、神、气的高度统一就成为"不治已病治未病"的中国医学家和追求"尽天年"的养生家的不懈追求。同受中国传统文化滋养的武术也继承了传统哲学"形神俱养"的衣钵，借鉴传统医学和养生学的"精、气、神"学说，将形体锻炼、气血调节和精神调养紧密结合，形成了内外兼修、形神兼备的武术健身理念。作为武术内家拳的代表，太极拳更是以"心为令，气为旗，神为主帅，腰为驱使"，将形、意、气高度统一在一个锻炼体系中予以提倡。

纵观西方体育史，我们不难发现，无论是最早入主美洲大陆的印第安人，还是实施军事化管理的斯巴达人，抑或是重视身心和谐发展的雅典人，他们都将发展身体作为体育锻炼的最终目标。赛跑、跳跃、投掷等能够锻炼肌肉力量，形成健美体型的运动备受推崇，雅典人更是把裸体竞技优胜者视为人体美的代表。苏格拉底、柏拉图等思想家倡导通过坚忍不拔的努力去锻炼身体，并使身体做好精神的奴仆，"以体操锻炼身体，以音乐陶冶情操"等主张更是将身体作为了体育锻炼的重要载体。现代体育正是在15世纪的人文主义者提倡"人道"反对"神道"，强调"人性"自然存在的过程中，继承了雅典注重匀称与健美体型的理念、丰富多彩的运动形式、优美的技术动作，以及古希腊早期的体育体制和重精神轻物质的奖励机制等②，形成了以力量、速度、柔韧等身体能力为标准来评价技术水平和锻炼效果的体育科学体系。相对而言，太极拳则追求"内外如一"，是注重"心意与形体动作协调一致"的炼形、用意和调息的整体性运动。《太极拳谱》中的《十六关要论》中对此阐述为"蹬之于足，行之于腿，纵之于膝，活泼于腰，灵通于背，神贯于顶，流行于气，运之于掌，通之于指，敛之于髓，达之于神……"，于是乎，形、意、息被统一于一个炼养体系中，综合与完整地实现着太极拳的健身价值③。

---

① 高士宗. 黄帝素问直解[M]. 3版. 北京：科学技术文献出版社，2001：409.
② 谭华. 体育史[M]. 北京：高等教育出版社，2009：120.
③ 王宗岳，等. 太极拳谱[M]. 沈寿，点校考译. 2版. 北京：人民体育出版社，1995：232-233.

第一节 重视形炼

在中国传统体育养生方法中，太极拳与易筋经、五禽戏同属于"动以养生"的功法范畴，以"形不动则精不流，精不流则气郁"为理论前提，因而，形炼是太极拳运动的基础[1]。太极拳的形炼不同于西方体育单纯追求肌肉、骨骼的强健，而注重以脏腑气血的健旺达到筋骨的强壮，即由内至外的炼养方式。第一，太极拳是"一动而无不动，一合而无不合，五脏百骸悉在其中矣"[2]的连贯性肢体运动，即"太极拳所要求的和谐，必须是：全身各部分，从头到脚都能与手所指示的动作密切配合"[3]。太极拳的虚领顶劲、敛臀收腹、含胸拔背、沉肩坠肘等技术要领正是促进练习者周身关节、筋腱协调配合的关键所在。虚领顶劲、敛臀收腹，百会穴与会阴穴形成上下对拉拔长的劲力；含胸拔背、沉肩坠肘，胸背部与上肢融为一体，在身体的前后左右形成掤劲，如同怀抱圆球。敛臀收腹，作为腰腹部的动作要领又成为勾连躯干与下肢的重要一环。身体各环节的协调控制、密切配合使太极拳在形炼方面与现代体育运动形成鲜明对比。此外，在呼吸与意识方面，也要尽可能与每个姿势的虚实动静相结合。它的作用，首先是使全身各部分在每个动作中都能得到同时运动的机会，其次是利用动作的完整性来促进腹呼吸的鼓荡[4]。第二，太极拳是追求"肌肤骨节，处处开张""慢如行云""以柔为主""非圆即弧"的松柔圆活的缓慢运动，这就使锻炼者能够在细致柔和的语境下领悟太极拳的真谛，并从中得到心灵的宁静与安舒。第三，太极拳技术动作遵循阴阳变化理论，在快慢相间、动静结合、虚实分明等对立统一的技术动作中构建了形炼的擎天大厦。因此，太极拳是周身协调运动的训练，是复杂动作组合的活动。

---

[1] 陈奇猷. 吕氏春秋校释[M]. 上海：学林出版社，1984：136.
[2] 王宗岳，等. 太极拳谱[M]. 沈寿，点校考译. 2版. 北京：人民体育出版社，1995：257.
[3] 人民体育出版社. 太极拳全书[M]. 北京：人民体育出版社，1988：451.
[4] 同[3]。

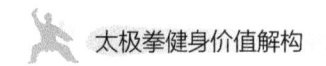

一、传统哲学中的形神统一观

《周易·系辞上》曰："形而上者谓之道，形而下者谓之器。"[1]张载进一步解释道："'形而上'是无形体者也，故形而上者谓之道也；'形而下'是有形体者，故形而下者谓之器。无形迹者即道也，……有形迹者即器也，……"在此，《周易》将有形之物称为"器"，即器物；在此器物之上的无形存在则为"道"。这一器道之分一直被中国传统哲学各派推崇与遵循。显然，一般而言，形乃看得见、摸得着的有形有状的形体。对人体来说，形主要是指五脏六腑、骨骼肌肉、脑髓筋脉、精血津液等。凡人体有形有状之器官、组织，尽可归入人体形的范畴。

在中国古代哲学中，身与形总是和心与神联系在一起，即身心或形神。形神问题即身心问题，是重要的哲学问题之一[2]。《管子·内业》最早提出了形神的观点，"凡人之生也，天出其精，地出其形，合此以为人"[3]，认为人的精神由天而来，身体由地而来。汉代桓谭则用烛与火来比喻形与神的关系，"精神居形体，犹火之然烛矣"，明确表示了火不能离烛而存在，精神也不能脱离形体而独存。王充继承并发展了桓谭的叙说，更详尽地论证了精神不能脱离肉体而存在，他认为"人之所以生者，精气也，死而精气灭，能为精气者，血脉也，人死血脉竭，竭而精气灭，灭而形体朽……"[4]。南北朝时期，范缜在《神灭论》中提出了"形者神之质，神者形之用；是则形称其质，神言其用；形之与神，不得相异也"的形质神用的光辉命题，并基本解决了传统哲学中有关形神、身心关系的问题。其后的哲学家大多继承了此前关于形神的论证，少数人提出了形神相互独立的命题，即所谓的形神二元论，但并未成为主流思想。

西方哲学在形神问题上与中国恰恰相反，它沿袭了早期希腊自然哲学家关于灵魂可与肉体分离的观点，产生了身心二元论的思想。曾经一度认

---

[1] 金景芳，吕绍纲. 周易全解[M]. 长春：吉林大学出版社，1989：506.
[2] 张岱年. 中国哲学大纲[M]. 南京：江苏教育出版社，2005：164.
[3] 戴望. 诸子集成·管子校正[M]. 北京：中华书局，2006：272.
[4] 王充. 论衡[M]. 上海：上海人民出版社，1974：315.

为灵魂可以脱离肉体而存在。经过亚里士多德、伏尔泰等人的推理论证后，形成了形体决定精神的观点。西方体育观正是在这种以形为主导的思想观念下产生的。太极拳则建立在中国传统哲学中"身心一统"的观念之上。它的形炼以形体筑基，以心与神的圆满为终极目标，强调整体性的形炼观。

二、传统医学、养生学对形的唯物整体性认识

传统医学的脏象学说认为，人体是以五脏为中心，内连六腑、五官、五窍、五体，外合五时、五方、五气、五味、五音等构成的有序的系统整体[1]。它一方面泛指现代医学中的器官、组织等有形之体；另一方面强调人体自身的整体性，以及人与外环境的统一性。此外，受到传统精气神学说的影响，中医理论中的形除脏象学说的有形之体外，还包含了构成人身的精微物质，即"人始生，先成精，精成而脑髓生"[2]，"两神相搏，合而成形，常先身生，是谓精"[3]。

与其一脉相承的中国传统养生学也是一种指向人类客观存在的文化，其全部基础建立在人的肉体的客观性和价值意义的肯定上[4]。通过有意识的活动和行为，采取一定的方法和手段使现实中的人获得健康、长寿和幸福，形成了人天观、人体观等重要的养生思维模式。《列子·周穆王》中指出："一体之盈虚消息，皆通于天地，应于物类。"晋张湛对《列子·天瑞》注云："人与阴阳同气，身与天地并形；吉凶往复，不得不相关通也。"[5]他将人体内部环境与外在客观环境视为一个整体。正是在这种整体思维的影响下，形成了"宇宙大人身，人身小宇宙"的独特的养生学人体观。其中影响较为深远的当属东汉魏伯阳的《周易参同契》，他在这本书中提出了"天地，乃一大宇宙；丹炉，系一小宇宙；人体，亦为一小宇宙"的观点，表明了对人身肉体的肯定与关注。这种重视肉身修炼、追求精神炼养的思想

---

[1] 郭霞珍. 中医基础理论专论[M]. 北京：人民卫生出版社，2009：17.
[2] 任廷革. 黄帝内经灵枢经新校版[M]. 北京：人民军医出版社，2006：48.
[3] 任廷革. 黄帝内经灵枢经新校版[M]. 北京：人民军医出版社，2006：116.
[4] 郝勤. 中国古代养生文化[M]. 成都：巴蜀书社，1989：69.
[5] 叶蓓卿（译注）. 列子[M]. 北京：中华书局，2018：14.

影射到传统的导引术、行气术等功法中，形成了主张形神兼养，注重精、气、神养护的中国传统养生方法和理论。与"西方健身主要着眼于人的物质形态本身，以练身为其根本"[1]的体育观念和运动实践形成鲜明的对比。太极拳技术形成过程中，也不同程度上受到了这种思想观念的濡养，自觉或不自觉地形成了"形神一体""内外兼修"的创拳理念。

第二节 强调用意

太极拳理论提出"凡此皆是意，不在外面"，王新午在《太极拳阐宗》中对此解释道："此承上文所列习太极拳之真诀而总括之，恐习者之误会也。凡上文所言，如周身轻灵贯串、荡气敛身，意为之也；毋使有缺陷凸凹断续之处，意为之也；由脚而腿而腰而指，以内劲一线贯串，皆意为之也，必存此意，守此法，念兹在兹。意之所至，气劲随之，内舒畅而外自然，非敷陈于体外，有形可见，有迹可征也。若误认为外，势必专习腰腿，用力将事。世有此拳法，而此太极拳则非是也。"[2]这明确说明了"用意"是太极拳的独特之处，太极拳须臾不可离"意"。各派太极拳对"意"的强调更使我们窥见其在太极拳理论和实践中的重要地位，如"转变虚实须留意"[3]，"何时意动，何时手到"[4]，"意为向导气随行"[5]等。太极拳理论中还有两个与"意"有着千丝万缕联系的概念——"心"和"神"。陈鑫在《陈氏太极拳图说（简体版）》中指出"意者，吾心之意思也，心之所发谓之意""意发于心，传于手，极有意致，极有神情"[6]。《太极拳谱》中有言"人之周身，心为一身之主宰……神出于心……七情皆以心为主"[7]，"全身意在蓄

---

[1] 刘静. 太极拳健身理论论绎[M]. 北京：北京体育大学出版社，2008：60.
[2] 王新午. 太极拳阐宗[M]. 太原：山西科学技术出版社，2006：49.
[3] 王宗岳. 太极拳谱[M]. 沈寿，点校考译. 2版. 北京：人民体育出版社，1995：41.
[4] 人民体育出版社. 太极拳全书[M]. 北京：人民体育出版社，1988：575.
[5] 杨澄甫. 杨澄甫武学辑注——太极拳使用法[M]. 邵奇青，校注. 北京：北京科学技术出版社，2016：88.
[6] 陈鑫. 陈氏太极拳图说（简体版）[M]. 陈东山，点校. 太原：山西科学技术出版社，2006：72.
[7] 王宗岳，等. 太极拳谱[M]. 沈寿，点校考译. 2版. 北京：人民体育出版社，1995：145-146.

神"①。按照现代医学、心理学的理论，"意"泛指意识。"意识"一词随佛教传入中国。在此之前，我国古代称之为"心""神"，泛指高级神经活动。"意""神"是大脑才能产生的生命活动，仿佛与心之间的关联甚微。但是在中国传统文化中，"心"有"血肉之心"和"神明之心"之别，"血肉之心"即指实质性的心脏及其功能；"神明之心"则指与大脑一样能够接受和反映外界事物，进行意识、思维、情志等精神活动的功能。因此，太极拳中的"心""神""意"只有放在传统哲学、医学、养生学等中国传统文化的视角下进行梳理和解释，才能明了其中的深意。

一、传统哲学的视角

"心"是中国传统哲学中一个极重要的概念。从孟子的"心之官则思，思则得之，不思则不得也。此天之所与我者"开始，中国哲学家们展开了对"心"的关注，并且形成了"心是能够思考的，是身之主宰"的主流观点。管子在《心术·上》中对"心"作了十分精到的解说，即"心之在体，君之位也"②，将"心"放于至高之位。荀子的"心居中虚，以治五官"，《中国哲学大纲》中认为"感官只能感物，由感而有知，是心之作用"③；又云"心者，形之君也，而神明之主也，出令而无所受令"。④这说明了"心"主宰于他物，而不受他物主宰的特性，从而肯定了心是知性的主体和情感的发出者。后汉末年，《中论》中提到"人心莫不有理道，至乎用之则异矣"，阐发了人心能辨是非的思想。到了宋代，朱晦庵综合了"心统性情"与"理具于心"的思想，提出了"心，主宰之谓也。动静皆主宰，非是静时无所用，及至动时方有主宰也"，进一步肯定了"心为主"的思想。王阳明阐明了视听言动都是心作主宰的观点，"心者身之主宰，目虽视而所以视者心也，耳虽听而所以听者心也，口与四肢虽言动而所以言动者心也"。可见，中国传统哲学思想中的"心"始终被赋予主观的能动性，具有思维、辨析和感

---

① 王宗岳，等. 太极拳谱[M]. 沈寿，点校考译. 2版. 北京：人民体育出版社，1995：47.
② 《管子》注释组. 管子选注[M]. 长春：吉林人民出版社，1975：187.
③ 张岱年. 中国哲学大纲[M]. 南京：江苏教育出版社，2005：226.
④ 《荀子》注释组. 荀子选注[M]. 长春：吉林人民出版社，1974：27.

知的功能。

在中国传统文化中，心与意具有很强的关联性，经常被放在一个范畴内加以考虑。《春秋繁露·循天之道》云："心之所之谓意。"管子的《心术·下》中有言："心之中又有心。意以先言，意然后形，形然后思，思然后知。凡心之形，过知失生。"这辩证地说明在心这个广义概念之下，还包含意、形、思、知表示精细精神活动的概念。朱熹认为："心者，一身之主宰；意者，心之所发；情者，心之所动；志者，心之所之。"在这里，朱熹的观点表明心包括了意、情、志。王阳明进一步阐述道"身之主宰便是心，心之所发便是意，意之本体便是知，意之所在便是物"。以上哲学观点均明确说明了意乃心所发的道理。这就与现代科学不谋而合，即心是意产生的物质基础。

传统哲学中的神不同于宗教中的神：宗教中的神泛指有意志的精灵；哲学中的神一指人类的精神，二指自然物质具有的内在能动性及其表现。表示人类精神的神一般相对于形而言，如《庄子·内篇·养生主》曰："臣以神遇而不以目视，官知止而神欲行。"此外，表示自然能动性之神的观念在哲学中阐述更丰。《易·系辞上传》中有"阴阳不测之谓神"，将阴阳的变化无穷与无法预测性谓之神。荀子则认为自然界的微妙变化即为神，"列星随旋，日月递炤，四时代御，阴阳大化，风雨博施，万物各得其和以生，各得其养以成，不见其事而见其功，夫是之谓神"[1]。宋代哲学家则阐发了神乃运动变化的潜在能力的观点，如论神最为详尽的张载认为："惟屈申动静终始之能一也，故所以妙万物而谓之神，通万物而谓之道，体万物而谓之性。"[2]程颢曾讲："冬寒夏暑，阴阳也，所以运动变化者，神也。"张岱年曾说："在古代哲学中，人的精神作用，亦称为'神明'……还有更深一层的意义，不仅指人的精神，而是指天地的一种状态，自然界的一种奇异作用。"[3]综上所述，古代哲学中的神除了相当于人类的精神，又兼具变化莫测、难以把握的自然现象的内在能动性。

---

[1] 荀子. 荀子[M]. 孙安邦，马银华，译注. 太原：山西古籍出版社，2003：189.
[2] 王夫之. 张子正蒙注[M]. 北京：中华书局，1975：328.
[3] 张岱年. 中国古典哲学概念范畴要论[M]. 北京：中国社会科学出版社，1989：100.

二、传统医学、养生学的视角

医学、养生学的理论均建立在人的肉体的客观性和价值意义的基础上。因此，关注人的生命健康，把握人体生命活动的规律，实现对生命的养护是它们追求的目标。传统医学、养生学对心、神、意的考究主要围绕人而展开。中医学理论认为，心主血脉，心藏神。心主血脉，是指心具有推动血液在脉管中运行的能力[1]。这里的心相当于现代医学中的心脏，即血肉之心。心藏神，是指心有主宰整个人生命活动和主管人的精神、意识、思维活动的功能[2]。《黄帝内经·素问·灵兰秘典论》曰："心者，君主之官也，神明出焉。"明代医学家张介宾在《类经·藏象类》中进一步解释道："心为一身之君主，禀虚灵而含造化，具一理以应万机，脏腑百骸，惟所是命，聪明智慧，莫不由之，故曰神明出焉。"这里的心与人脑相等同，具有了能思善辩的功能。于是，神与心之间具有了必然的联系，心成为神的物质实体。中医学中的神，从隶属于自然的人体角度考虑，从广义上来看，指哲学范畴下变幻莫测的人体生命活动的外在表现；从狭义上来看，指人的精神、意识和思维活动[3]。此外，《黄帝内经》中指出"心有所忆谓之意"，表明了中医学对意的认识，即心接受外界事物而留下的印象[4]。在《黄帝内经·素问·金匮真言论》中将"意"阐述为在实践中形成，又向外转化为指导中医辨证施治的认识过程[5]，"故善为脉者，谨察五脏六腑，一逆一从，阴阳表里，雌雄之纪，藏之心意，合心于精，非其人勿教，非其真勿授，是谓得道"[6]。

站在传统哲学、医学和养生学的视角下考察后，我们发现，中国传统文化中的"心"不能等同于西方语境下的"心"，它被哲学家、医学家、养生家首先赋予了能思善虑的功能，并且高居"君位"，其次才是具有实质性

---

[1] 周学胜. 中医基础理论图表解[M]. 北京：人民卫生出版社，2000：50.
[2] 同[1]。
[3] 杨殿兴，邓宜思，冯兴奎，等. 黄帝内经读本[M]. 北京：化学工业出版社，2006：146.
[4] 任廷革. 黄帝内经灵枢经新校版[M]. 北京：人民军医出版社，2006：38.
[5] 刘静. 太极拳健身理论论绎[M]. 北京：北京体育大学出版社，2008：38.
[6] 高士宗. 黄帝素问直解[M]. 3版. 北京：科学技术文献出版社，2001：31.

意义的血肉之心。对于心与意、神之间的关系，传统哲学和医学的侧重点略有不同。传统哲学认为"心之所发为意"，经常把心与意放在一个范畴内予以说明，对意的描述相对较多；而传统医学和养生学则更加注重心与神之间的联系，偏重于对"人神"的论述，与哲学界"神"所指的自然现象的内在能动性的变化不同。但正所谓殊途同归，医学家、养生家心中的"神"与哲学家心中的"神"都泛指不可琢磨、不可意会的变化。总之，心、意、神在中国传统文化中存在着千丝万缕的联系，窥一斑可见全豹。

太极拳深受传统哲学、医学和养生学的影响，对于心、意、神的理解和概括可谓一脉相承。《太极拳谱》中的《太极拳十大要论》中阐述道："两乳之中为心，而肺抱护之。"[1]"打拳心是主；以心为主，而五官百骸无不听命；运转随心；运化全在一心中；四体从心而运，官骸皆悦以顺从。"[2]"心气一发，四肢皆动；手从心内发；拳由心发。"[3]太极拳理论在承认心是物质实体的基础上，确立了它在拳势技术中的"施令"地位。但这个"令"需要"意"来传递，只有通过"以意使气，以气运动""拳随意发""以意运臂"，实现"体松气固神要凝"的形神统一，才能达到"由懂劲而阶及神明"的太极拳学的最高境界。因此，"用意"是太极拳重要的锻炼要点，即用意识养蓄精神来引导动作[4]，从而达到精神与形体的和谐统一。

第三节 关注气运

"气"这一概念早在甲骨文中就已出现，但那时的"气"指的是云雾之气，是实实在在的东西。在西汉末年，"气"已经开始提升为一个哲学概念，这时的"气"主要指阴阳之气。古人认为，世界上的各种物体都是由气构成的，正所谓"气聚则物生，气散则物亡"。作为传统文化中最常见的概念范畴之一，"气"在日常生活中普遍为中国人所接触和认同，如讲修养

---

[1] 王宗岳，等.太极拳谱[M].沈寿，点校考译.2版.北京：人民体育出版社，1995：255.
[2] 人民体育出版社.太极拳全书[M].北京：人民体育出版社，1988：261-262.
[3] 王宗岳，等.太极拳谱[M].沈寿，点校考译.2版.北京：人民体育出版社，1995：267-268.
[4] 沈寿.沈寿·太极拳文集[M].北京：人民体育出版社，2005：31.

的"浩然之气",讲精神力量的"一鼓作气",绘画中注重的"气的神韵",书法中讲究的"行气",写文章、作诗追求的"文气"等。中医学更是广泛运用气的概念来说明人体的各种现象,产生了一系列气的概念,如元气、营气、卫气、宗气等。同样,气也为武学之人孜孜以求,正所谓"以气为本""内气充盈"。太极拳理论中更是屡屡见到气的概念,如"气为旗;行气如九曲珠,无微不到""以气运身,务令顺遂"等。首先,它是吐故纳新的呼吸之气,即传统医学中的外气。正如《太极拳谱》中的《十三势行功心解》中所言,"能呼吸,然后能灵活",只有呼吸顺畅了,动作才能运转自如。其次,它是一种运行于人体经络百脉的内气,正所谓"经络不闭则气通",并由此推演出"全身意在精神,不在气,在气则滞。有气者无力,无气者纯刚"养先天之气、避后天之气的理论范式[1]。它与传统哲学、医学、养生学中的"气"具有一脉相承的渊源关系。

一、哲学概念之气

在古人的心目中,"气"是万物之源、天地之本。气之清累者上为天,浊重者下为地,冲气和者为人。"气"在中国传统文化中已经超越自然形态而成为宇宙的本体和万物构成的基原。作为明确的哲学范畴的气的概念产生于西周。《国语·周语上》中有"夫天地之气,不失其序。……阳伏而不能出,阴迫而不能烝,于是有地震。"这朴素地表达了气的对抗、流转、变化与地震等自然界变异的关系[2]。战国时期,管子认为气是宇宙万物的本原,指出"根天地之元气也",又云"有气则生,无气则死,生者以其气"。庄子对战国以来关于气的学说有着深刻的理解和认识,他指出"是故天地者,形之大者也,阴阳者,气之大者也"[3],认为阴阳二气是根本之气。在他看来,人的生死本质上不过是气的聚散而已。"人之生,气之聚也。聚则为生,散则为死。"[4]荀子进而把万物的产生归结为阴阳二气的交合,即

---

[1] 王宗岳,等. 太极拳谱[M]. 沈寿,点校考译. 2版. 北京:人民体育出版社,1995:95.
[2] 李志林. 气论与传统思维方式[M]. 上海:学林出版社,1990:5.
[3] 庄周. 庄子全译[M]. 张耿光,译注. 贵阳:贵州人民出版社,1991:380.
[4] 庄周. 庄子全译[M]. 张耿光,译注. 贵阳:贵州人民出版社,1991:380.

"天地合而万物生,阴阳接而变化起"①,指出"水火有气而无生,草木有生而无知,禽兽有知而无义,人有气、有生、有知,亦且有义,故最为天下贵也"。②两汉之际,出现了元气之说。例如,王充在《论衡·言毒》中提到:"万物之生,皆禀元气。"③北宋张载进一步明确了"知虚空即气,则有无、隐显、神化、性命通一无二"。至此,气一元论的思想得以最终确立,气被看作构成宇宙万物的最基本的物质,泛指一切客观的具有运动性的存在。

传统哲学界还存在另外一种看待气的观点,即唯心主义哲学家认为气是主观精神。例如,《孟子·公孙丑上》:"我善养吾浩然之气。……其为气也,至大至刚,以直养而无害,则塞于天地之间。"④朱熹在《答黄道夫书》中说道:"天地之间,有理有气。理也者,形而上之道也,生物之本也;气也者,形而下之器也,生物之具也。"可见,在古代哲学范畴下,气既泛指物质现象,又涵盖了精神现象,这是中国人对世界本源的一种独特认识。

二、呼吸吐纳之气

中医学认为,一呼一吸谓之息,含有气往来之意。中医讲一吸脉行三寸,一呼脉行三寸,呼吸定息脉行六寸。呼吸时,人体的毛窍气机随着开(呼)、合(吸),气息亦随之变化。由于息与气之间是密不可分的,于是有了"气息相随"的说法。

一呼一吸谓之息,可以说是人体的呼吸,也可以说是大自然的呼吸,是彼此的气机都在开张。人通过呼吸与宇宙万物进行交换,除氧气、二氧化碳等气的交换外,还有各种信息的交换。通过呼吸,人和大自然相连在一起,这种联系也叫嘘吸、吹呴。通过呼吸,大自然万物互相联系,即庄子所说的:"生物之以息相吹也。"老子亦讲"天地之间,其犹橐籥(指风箱)乎"。古人认为,吸、呼及其间的停顿各有其特定的作用,所谓呼出心

---

① 《荀子》注释组. 荀子选注[M]. 长春:吉林人民出版社,1974:101.
② 《荀子》注释组. 荀子选注[M]. 长春:吉林人民出版社,1974:136.
③ 王充. 论衡[M]. 上海:上海人民出版社,1974:349.
④ 孟轲. 孟子[M]. 王立民,译评. 长春:吉林文史出版社,2004:41.

与肺，吸入肾与肝，停顿则是脾为之斡旋。因此，太极拳的调息从狭义上来看，就是人们每天每时都在进行的一呼一吸。呼吸作为人类唯一能够自我控制的内脏活动，它很早就在中国人整体性思维的理念下，被纳入人的形体与意念调控之中。这一点在太极拳等中国传统养生功法中被总结为"调息"，即调控呼吸吐纳之气。

三、人体修炼之气

中医学援引中国哲学之气来说明生命的本质，将中医学身体观与生命观建立在气化基础上。例如，《黄帝内经·素问·五常政大论》云："气始而生化，气散而有形，气布而蕃育，气终而象变。"《类经·脏象类》认为："精、气、津、液、血、脉，无非气之所化也。"已有观点通常据此认为气是构成人体和维持人体生命活动的最基本物质，同时又表现出生命活动的各种功能。《黄帝内经·素问·宝命全形论》曰："人以天地之气生……""天地合气，命之曰人"。"气聚则形存，气散则形亡"[1]，"气化则物生，气变则物易，气盛则物壮，气弱则物衰，气绝则物死，气正则物和，气乱则物病，皆随气之盛衰而为变化也"[2]。生命的产生与维持都依赖气而实现，它是所有生命活动的源泉和动力所在。气的变化决定了人的生命状态，人的生命活动就是气的运动。

"气"贯穿《黄帝内经》全书。大有天气、地气、人气、四时之气；小有五脏六腑之气；微有静脉营卫之气；神妙有阴阳五行之气等。传统养生思想与中医学一样，也承认气是人体形成和存在的基础，肯定了其对生命的本源作用，尤其重视中医学中阐述的人体原始之气、根本之气的元气。《上清洞真品》中指出："人之生也，禀天地之元气，为神为形；受元一之气，为液为精。天气减耗，神将散也；地气减耗，形将病也；元气减耗，命将竭也。"清代著述颇丰的徐灵胎强调"谨护元气"，他认为元气是寿命在受生之时就已有的定分，元气的盛衰直接决定寿夭。元气的阴阳变化决

---

[1] 喻昌. 医门法律[M]. 徐复霖, 点校. 上海：上海科学技术出版社，1983：6.
[2] 刘完素. 素问病机气宜保命集[M]. 孙洽熙, 孙峰, 整理. 北京：人民卫生出版社，2005：6.

定着动、散、升、开、静、聚、降、阖等气机的运动规律。传统养生学遵循气的运行规律，设计了养生的方法和内容。因此，无论是养神派，还是导引派，抑或是服食派，都将元气的炼养作为基本手段和法则，追求元气充盈、生命健旺的理想状态。

第四节　形神气的相互关系

早在商周之际，中国就形成了人与自然、人与社会是协调统一的观念，即"天人合一"整体观。古代中国把宇宙时空归结为道（无极）、太极、阴阳、五行、八卦、天干、地支等要素和参量，并进行整体推演，这就形成了中国传统哲学注重整体性的方法论[1]。整体观作为中国传统的世界观和方法论，在历史的长河中渗透到中国的军事、政治、经济、文学等各个领域中。其中，中医学对整体观的继承与发扬最具典型，而同源同根的传统养生学同样把整体观思想贯穿其方法体系中。《淮南子·原道训》中明确提出了人是形气神的统一体，指出："夫形者，生之舍也。气者，生之充也。神者，生之制也。一失位则三者伤矣，是故圣人使人各处其位，守其职，而不得相干也。故夫形者，非其所安也而处之，则废；气不当其所充而用之，则泄；神非其所宜而行之，则昧。此三者，不可不慎守也。"根据《淮南子》中的观点，人是形气神的统一，形体是人产生存在的物质基础，气是人体生命活动的动力与源泉，神则是人体生命活动的控制和主宰。三者各处其位，各行其职，缺一不可[2]。《黄帝内经灵枢经（新校版）》中也对形、气、神三者之间的关系有精辟的阐述："黄帝曰：'何者为神？'岐伯曰：'血气已和，营卫已通，五脏已成，神气舍心，魂魄毕具，乃成为人'。"[3]它的意思是血气已经和调，荣卫已经通畅，五脏都已形成，神气居藏于心中，魂魄具备，便成为人。可见，从传统医学的角度来看，只有形、气、神高度统一，才能形成具有生命意义的现实健康的人。气功的内丹术正是

---

[1] 张秉山．太极拳的三元结构[J]．少林与太极，2014（8）：32-35．
[2] 杨玉辉．道教养生学[M]．北京：宗教文化出版社，2006：31．
[3] 任廷革．黄帝内经灵枢经（新校版）[M]．北京：人民军医出版社，2006：167．

基于这种认识，提出了人体就是一个"丹炉"，形、气、神就是"原材料"，通过一定方法和步骤的修炼，促使形、气、神在体内凝聚不散，从而达到长生久视的终极目标。那么，在这个过程中，形、气、神三者之间必然存在相互依存、相互作用、相互制约的密切关系。下面就分别从形与神、形与气、神与气的关系角度加以论述。

一、形与神的关系

形神关系一直是中国传统哲学讨论的焦点，它是一对对立统一概念，属于辩证范畴。早在先秦时期，《周易》及道家学说等就对形神问题作了哲学思考，强调神对形的超越与统帅作用。到了西汉时期，仍然着重强调神对形的重要意义。《淮南子·说山训》云："画西施之面，美而不可说；规孟贲之目，大而不可畏；君形者亡焉。""君形者"指的正是"神"。直到东汉时期，桓谭大胆地提出"火之然（燃）烛"的论断。王充则在此基础上提出："天下无独燃之火，世间安得有无体独知之精？"[①]桓、王二人以烛火比喻形神关系，表明了神不能离形独存。至此，有关人体的形神关系的观点就包含了两个方面。一方面，形是神的基础，神的产生及其作用的发挥有赖形体的存在；另一方面，神对形起着主导作用，人的各种生命活动是神控制和支配的结果。

从现代观点来看，形与神的关系就是物质与意识的关系。一方面，人的物质形体是意识产生存在并发挥作用的基础。中医学认为，人的意识是通过心产生的。现代科学发现，人的意识是脑神经系统作用的结果。姑且不论中西医认识上的不同，它们都不约而同地肯定了物质形体的基础性作用。另一方面，意识一旦产生，就会对人的物质活动产生影响，控制人体的躯体活动，影响人的情绪变化等。太极拳理论中尤其关注意识对人的形体的主导作用，强调"用意不用力""以意行气"，重视意识对肢体的导引作用。

---

① 王充. 论衡校注[M]. 张宗祥，校注. 郑绍昌，标点. 上海：上海古籍出版社，2013：853.

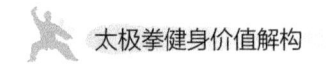

二、形与气的关系

在中国古人眼里,生命的实质就是气的凝聚。一切有形的实体结构都是由气的凝聚所形成的。正如刘宗周说的"盈天地间一气而已矣,气聚则有形,形载而有质,质具而有体"。提出气一元论的张载在《论衡》中指出:"气之生人,犹水之为冰也,水凝为冰,气凝为人。"[①]他认为气在太虚中聚与散,就像冰在水中凝结与融释,气聚合而形成具体事物,气消散而归复于太虚。他否认有脱离气的绝对的虚无状态。张载的气一元论为儒家人世哲学奠定了坚实的理论基础。同样也为中医学、养生学的形气关系提供了参考。一方面,形是气的基础,气的产生依赖于形,如人体的元气来自先天之精,营气、卫气是后天水谷之精在脏腑、血脉的作用下形成的;另一方面,人的生命活动是在气的推动下实现和完成的,如营气具有化生血液、营养全身的作用,卫气具有温养和防御作用等。

从现代科学的观点来看,人体形与气的关系可以解释为物质与信息的关系,这种关系一方面表现为物质是信息产生、存在和作用发挥的基础;另一方面表现为信息对物质运动的主导作用。任何信息都是以物质为载体的,所以人体各种信息的产生、贮存及其作用的发挥都是以特定的物质结构为基础的。同时,人体的组织器官的运动又受信息的控制[②]。太极拳技术中充分利用了气对形的主导与推动作用,体现"气为旗""气走于膜、络、筋、脉",强调"以气运身""气遍周身不稍滞"。

三、神与气的关系

神与气之间具有相关性,这是中国古代气学说的一个重要命题。气是介于有形与无形之间的存在。气相聚合形成了各种各样的有形物体,人体也是由气聚合而成的。《管子·心术下》云:"思之不得,鬼神教之。非鬼神之力也。其精气之极也。"它论述了意识产生的物质基础就是精气。因此,

---

① 王充. 论衡校注[M]. 张宗祥,校注. 郑绍昌,标点. 上海:上海古籍出版社,2013:546.
② 杨玉辉. 道教养生学[M]. 北京:宗教文化出版社,2006:63-64.

气与神的相互关系建立在气聚合而成形体的基础上。人的精神意识与气紧密相关，且相互影响。《黄帝内经》以气一元论为基础，对气、自然、人、神的联系有较为深入的认识。《黄帝内经·素问·生气通天论》中指出："苍天之气清净，则志意治。"这说明人体外自然之气的状态会直接影响人的精神意识状态。此外，该文还提到"阳气者，大怒则形气绝，而血菀于上，使人薄厥"，进一步指出了人体气机会因人自身情绪的波动而出现逆乱，从而导致疾病的发生，这是人体之气对神的影响。

神与气的关系表现为基础与主导两个方面。首先，气是神的基础，精神意识的产生存在是以生命实体的产生存在为前提和基础的；其次，气是精神意识产生存在的能量来源；再次，神对气具有主导作用，气的运行、作用等受到神的控制和支配。在中国古代的众多养生方法中，神和气的运用是一体的。导引、吐纳、坐禅、冥想等气功锻炼方法均要求神（意识）与气紧密结合以达到以意引气。太极拳技理中也充分体现了气与神之间的密切关系。武禹襄在《十三势行功要解》中将意与气放在了一个层面上予以阐述，指出"意气须换得灵"；杨澄甫在《太极拳使用法》中提出了"意为向导气随行"。这些正是沿用了神对气的支配与主导效应。

第三章 太极拳健身价值的理论基础

中国传统思维注重综合，着重从整体上把握事物的结构和功能。无论是指导人类进步的哲学思想，还是治病救人的医学理论，都渗透着综合的、整体的思维方式。这种思维方式延伸到身体活动中，便产生了注重肢体节节贯穿，强调内外相合、形神共修的太极拳运动。太极拳因之尽显东方神韵，建构了独特的健身价值体系。但这种关注整体和综合的技术与理论，在现代科学技术的范畴内，难以通过单一指标和数据得到全面认证，研究结果具有较大的局限性与不确定性。同中医学经络学说相似，太极拳健身机制的研究推进缓慢，不尽如人意。因此，太极拳健身效益的产生原因仍然是模糊的、不确定的，是太极拳健身研究中亟待解决的主要问题之一。在笔者看来，打开这扇门的钥匙只能是在太极拳自己手中。鉴于此，笔者认为，在目前太极拳健身效果科学研究的基础上，结合太极拳技法特征，提炼能够代表太极拳特点，同时可能对健康产生良好促进作用的重要元素，有助于从单一层面着手，逐层深入，进一步挖掘和梳理太极拳健身效益，并将这些既能带来健身效益又能反映太极拳技法特征的元素称为太极拳健身要素。本章立足于现代科学理论和传统医学思想，从已证明的太极拳良好健身效果入手，梳理出可能产生这些健身效益的原因，为太极拳健身要素的提炼奠定理论基础。

第一节 有氧运动——柔和缓慢

有氧运动是由肯尼斯·库珀博士于1968年提出的，并迅速风靡了整个世界。它是指身体大肌肉群反复从事连续的、有节奏的，且能够持续较长时间的活动[1]。在有氧运动过程中，人体吸入的氧气与需求相匹配，主要以糖和脂肪的有氧代谢方式供给能量。其心率维持在 120~150 次/min，即达到最大心率的 75%~85%，是促进健康、预防疾病的安全可靠的运动方式。目前，已有大量的实验证明有氧运动对糖代谢、脂代谢及糖尿病、骨质疏松、心血管疾病的改善和防治具有良好效果。就糖代谢而言，有氧运动可以提高肝脏、脂肪组织和骨骼肌细胞对胰岛素作用的敏感性，以及胰岛素对受体的亲和力，改善胰岛素抵抗，预防糖尿病等糖代谢紊乱疾病[2]。就脂代谢的研究结果而言，有氧运动可以提高肌肉、肝脏等组织的肝脂酶、脂蛋白脂肪酶等影响脂肪分解的重要酶的活性；可以使胆固醇、甘油三酯和低密度脂蛋白降低，高密度脂蛋白升高，降低患心血管疾病的风险；可以减少体内的自由基；可以提高抗氧化酶的活性，提高机体的免疫功能；可以维持一定的肌肉力量；有利于保持骨密度和正常的关节功能；可以缓解紧张、焦虑和抑郁等情绪；可以维持和增强中老年人中枢神经系统健康和认知功能等。2016 年 12 月 6 日，美国心脏协会在心血管医学权威杂志《循环》上发表了一则长达 46 页的科学声明，把有氧能力划为临床生命体征。2020 年，新型冠状病毒（Corona Virus Disease 2019，COVID-19）以一种不可阻挡的势头在全球多个国家和地区之间快速传播。2020 年 1 月 30 日，世界卫生组织宣布新型冠状病毒肺炎疫情为国际关注的突发公共卫生事件，对人的生命健康造成了巨大的影响[3]。已有研究证明，提高有氧能力可以通过提升肺免疫力、肺组织灵活性、肺肌耐力和力量，减少自由基产生和氧化损伤，降低新型冠状病毒相关疾病和症状的严重性，减少干咳，清洁呼吸道[4]。太极拳作为一种传统有效的有氧运动疗法，为抗疫工作作

---

[1] 田野. 运动生理学高级教程[M]. 北京：高等教育出版社，2003：697-698.
[2] 李庆雯，徐冬青，邵琦琦，等. 餐后有氧联合抗阻运动对糖耐量减低（IGT）人群干预效果研究[J]. 天津体育学院学报，2020，35（3）：316-320.
[3] HUANG X, WEI F, HU L, et al. Epidemiology and clinical characteristics of COVID-19[J]. Archives of Iranian medicine, 2020, 23(4): 268-271.
[4] ALAWNA M, AMRO M, MOHAMED A A. Aerobic exercises recommendations and specifications for patients with COVID-19: A systematic review[J]. European review for medical and pharmacological sciences, 2020, 24(24): 13049-13055.

出了巨大的贡献[1]。

　　近几十年来，运动科学界对有氧运动的强度要求出现了由强健模式向温和模式的转变趋势。《2008 美国国民体力活动指南》在对有氧运动的运动强度回顾中提到，1975 年首个全美健身指导方案中认为 70% 的最大心率是能够促进健康的中等运动强度水平，但到了 2000 年，这一运动强度已降到 40% 的最大心率。中国传统养生思想历来提倡适度运动，正所谓："人体欲得劳动，但不当使极尔。"[2] "养性之道，常欲小劳，但莫大疲及强所不能堪耳。"[3]

　　太极拳作为一种传统的体育锻炼方式，一直被视为动功的一种，广泛被推崇为以动养生的有效方法。运动生理学实验也已证实它是一种中小强度的有氧健身运动。其柔缓的运动节奏确保了适中的运动量，既可以达到"谷气得消，血脉流通"的锻炼目的，又可以防止过劳状态的出现。有学者选取了 36～60 岁的研究对象进行了 12 周的快走和太极拳运动干预，结果显示，太极拳和快走在体成分、体适能、血糖和生存质量等指标上实验前后有显著性差异，两个运动项目之间在上述指标上无显著性差异。但进一步的运动强度测试显示，快走在摄氧量和能量代谢率方面高于太极拳 46%。该研究认为，运动强度较小的太极拳能够达到与快走同样的锻炼效果[4]。也有学者进行了太极拳和步行训练对有氧体能、静息能量消耗（Resting Energy Expenditure，REE）、身体组成和生活质量的影响的大样本量研究，并分析两者在运动过程中的能量代谢，结果表明，太极拳组和步行组的最大摄氧量分别为 3.3 mL/min/kg 和 3.7 mL/min/kg（均 $P<0.001$），太极拳对提高 REE-VO$_2$ 和 REE-kilocalorie 消耗的效果好于步行，并且练习太极拳能消耗较少的能量，达到与快步走相似的健康益处[5]。但是有系统综述表明

---

[1] 张伟，江海娇，鲁卫华，等. 方舱医院新型冠状病毒肺炎患者心理干预及康复经验总结[J]. 中华护理杂志，2020，55（S1）：603-605.

[2] 王先谦. 后汉书集解[M]. 北京：中华书局，1984：957.

[3] 孙思邈. 备急千金要方[M]. 北京：人民卫生出版社，1955：478.

[4] HUI S S, WOO J, KWOK T. Evaluation of energy expenditure and cardiovascular health effects from Tai Chi and walking exercise[J]. Hong Kong medical journal, 2009,15 (Suppl 2):4-7.

[5] HUI S S, XIE Y J, WOO J, et al. Practicing Tai Chi had lower energy metabolism than walking but similar health benefits in terms of aerobic fitness, resting energy expenditure, body composition and self-perceived physical health[J]. Complementary therapies in medicine, 2016(27):43-50.

了不同的观点，有观点认为太极拳是一种有氧运动的方式[1]，有观点认为现有的证据并不能表明经常打太极拳是一种提高有氧能力的有效方法[2]。以上研究结果进一步说明未来还需要通过设计更严谨、更大样本量、治疗周期更长的随机对照试验来证明练习太极拳对有氧能力提高的效果。

可见，太极拳因其柔和缓慢的锻炼节奏区别于其他有氧锻炼方式，凭借小劳适度的运动量、内外俱养的技法特点发挥着健身康复的重要作用。太极拳中柔和缓慢的运动节奏，一方面使运动量适度；另一方面使外在的形体运转迎合了内部脏器的自律性运动节奏，从而为内外的协调一致提供可能。另有研究显示，经络的运行传导速度为每秒 20～30 cm，太极拳的运动速度与之最为接近，这就为形体与经络的同步炼养提供了可能。另有研究表明，太极拳兼具有氧和抗阻运动的特性与优势。一方面，它可以增强腿部肌肉力量和增加肌纤维横截面积，促进腿部肌肉对血糖的利用；另一方面，它能够深入刺激身体各大肌群，特别是手指等小肌肉群和末梢组织，促进血液循环，帮助葡萄糖在末梢组织的吸收与利用[3]。

第二节　调理气血——形圆体松

中国的传统哲学、医学都认为，人的生命过程本身就是一个圆的运动过程，从起点出发，通过圆的轨迹运行一周，最后回到起点。对人体的认识，特别是生理功能结构方面，更是体现了圆的世界观及方法论。例如，经络学中的十二正经理论认为，每条经络都首尾相接，形成一个连接身体所有部位、组织、脏器的最大网络。即使是各脏腑之间也因它们之间的生克关系而形成一个个圆的连接。由此我们联想到太极拳之圆，这种圆的技法特征和运动方式是符合人体的生理状态的。

---

[1] TAYLOR-PILIAE R E, FROELICHER E S. Effectiveness of Tai Chi exercise in improving aerobic capacity: A meta-analysis[J]. Journal of cavdiovascular nursing, 2004,19(1):48-57.
[2] LEE M S, LEE E N, ERNST E. Is Tai Chi beneficial for improving aerobic capacity? A systematic review[J]. British journal of sports medicine, 2008, 43(8):569-573.
[3] 赵刚，陈民盛，庄礼，等. 太极拳运动对Ⅱ型糖尿病患者身体形态、血脂与胰岛素抵抗的干预效果分析[J]. 南京体育学院学报（自然科学版），2017，16（1）：1-7.

在传统医学理论中，气血是机体生命活动的基础和源泉。气血充盛和调，则机体安泰。《灵枢·本脏》有云："人之血气精神者，所以奉生而周于性命者也。"气血失衡会影响机体的各种生理功能，导致疾病的出现。因此，传统养生功法十分重视对人体气血的调理和培补。太极拳运动中的"两肩松，肘向下松垂；腰要松；胯要松""肌肤骨节，处处开张"，以及势圆、着圆的圆活动作，一方面，使肌肉关节处处松开，打通气血运动的通道——经络，使气血沿着经络、血管系统周流无滞，确保人体正常生理功能的发挥；另一方面，使腹式呼吸和横膈运动不受牵制，增强皮肤触觉的灵敏性，在放松中提高力量、耐力、速度和灵敏性等[1]。

法国有医生指出，人的寿命与其血管，特别是与其动脉及动脉分支的寿命相同。研究显示，太极拳锻炼者的全血低切黏度、全血高切黏度、低切全血还原黏度、高切全血还原黏度、红细胞聚集指数、红细胞压积均下降，而血沉、红细胞的变形指数显著升高[2][3]。另有研究发现，反映微循环功能的指标——微循环半更新率升高，微循环半更新时间、微循环平均滞留时间缩短，表现出组织细胞与物质的交换能力的提高，即微循环机能得到提高[4]。还有研究显示，太极拳运动可以改善 2 型糖尿病患者的血液流变学指标，促进2 型糖尿病患者的血液循环代谢，可能是其临床疗效产生的作用机制之一，并且太极拳比步行运动能更好地改善患者的血液循环代谢，适合临床推广应用[5]。

第三节　脊柱保健——转腰旋脊

科技与文化的快速发展使人类逐渐从体力劳动中解放出来，但计算

---

[1] 唐豪，顾留馨. 太极拳研究[M]. 3 版. 北京：人民体育出版社，1996：64.
[2] 毕业，陈文鹤. 太极拳运动对高血压患者血液流变性的影响[J]. 中国运动医学杂志，2005，24（5）：606-607.
[3] 刘涛，黄起东，刘伟忠. 太极拳运动对老年高血压患者血压、血液流变学及远期生活质量的影响[J]. 中国老年学杂志，2018，38（6）：1396-1398.
[4] 马中林，单丹，赵志刚. 社区老年女性太极拳运动对血液流变学影响[J]. 中国农村卫生事业管理，2013，33（12）：1439-1440.
[5] 卢苇. 太极拳对老年 2 型糖尿病患者血液流变学的影响研究[D]. 成都：成都中医药大学，2018.

机、手机的发明增加了人们低头与伏案的时间，肩颈痛等亚健康问题突出，颈椎病、腰肌劳损等发病比例增大。脊柱作为人体的支柱，具有负荷重力、缓冲震荡的重要作用，由 7 个颈椎、12 个胸椎、5 个腰椎、5 个骶椎及 4 个尾椎构成，解剖生理结构复杂，容易出现外伤、劳损（不良工作姿势，长时间保持单一姿势和不当的生活习惯等）等健康问题。脊柱椎管中充盈着丰富的神经根及纤维，脊柱通过它们与身体各系统产生密切联系，因此，其病理改变还可涉及神经、肌肉、骨骼、内脏等，表现为血液循环障碍、局部炎症、肌肉痉挛等[1]。许多发病率较高的心血管疾病、代谢系统疾病、免疫机能降低等都与脊柱病变有关。现代脊柱亚健康和脊柱保健概念的提出，旨在应对因脊柱受力不均衡而引发的肌肉紧张失衡、小关节紊乱及脊柱错位等问题，这些问题可能导致身体其他系统的症状和病变。与现代医学从神经、血管的角度阐述脊柱与内部器官的联系不同，传统医学从阴阳学说和经络理论入手，认为人体的背部属阳，纵向分布着督脉、足太阳膀胱经，横向分布着带脉；颈背部分布着手阳明大肠经、手少阳三焦经和手太阳小肠经等。这些经络都内接脏腑，外连肢体末端。通过脊柱中心部位的运动，加强了肢体与内脏的协调与呼应，从而达到形动促内养的锻炼效果。

从中医学视域来看，太极拳中的悬顶、提肛、气沉丹田等动作能够培补肾气、调通任督二脉，充实冲脉，使气血流灌全身，从而改善脊柱-督脉环境，促使腰部筋骨强盛[2]。武冬和闫晓鹏通过实验研究证明，高水平太极拳组在进行太极拳云手动作时，脊柱变化表现为：胸椎第 1～7 节的曲度没有明显变化，而第 8～12 节胸椎及全部 5 节腰椎的曲度整体上存在比较大的后凸趋势，且呈现出逐节递增的变化特征[3]。结果说明，太极拳运动能够对人体脊柱的曲度和活动度有显著的锻炼功效，长期练习太极拳的人群在对脊柱曲度变化的调节和控制能力上要明显优于短时间或无太极拳练

---

[1] 尹中，杜立建，孔令玉. 亚健康与脊柱关系解析[J]. 河北中医，2010，32（7）：1010-1011.
[2] 苏清君，胡海平. 关于太极拳运动对慢性腰痛防治机理的中医学探讨[J]. 黑龙江医药，2009，22（1）：48-49.
[3] 武冬，闫晓鹏. 太极拳云手技术对脊柱曲度影响的实证研究[J]. 北京体育大学学报，2017，40（1）：129-137.

习基础的人。国外研究发现，太极拳运动疗法能够缓解脊髓压迫性损伤导致的疼痛，以及改善患者的生活质量[1]。也有研究表明，太极拳在亚急性、慢性腰痛的治疗中，疗效优于非甾体类抗炎药，并无药物所带来的副作用，可作为首选疗法[2]。

太极拳运动强调"项要端正竖起，如中流砥柱；腰是上下体之关键；脊骨是左右身之关键"[3]。通过腰部绕矢状轴、垂直轴的圆转运动，以及缠丝劲收蓄与发放过程中旋腰转脊的螺旋缠绕，能够有效锻炼腰脊、活动脊柱。这种锻炼方式符合现代脊柱保健与康复的理念。具体而言，首先，太极拳技法中要求头部不可偏侧和俯仰，身躯中正而不倚，脊梁与尾闾垂直而不偏，顺应了人体的颈曲、腰曲的生理弯曲，预防了脊柱侧弯等病变。颈曲和腰曲对保护脊髓、脊神经、颈椎动脉具有重要作用，正常的颈曲和腰曲是脊柱健康的主要标志[4]。其次，太极拳技法重视腰部运动，以腰为轴，灵活地带动肢体左右、前后的旋转和俯仰，以及旋腰转脊的缠丝划圆动作等，锻炼了腰脊深层的小肌肉群，增强了韧带的柔韧性。再次，太极拳技法中的含胸与拔背是紧密相连的。当胸部略微内含时，背部肌肉得以松弛，脊柱两侧似乎有上提的力量，刺激了脊椎两侧的神经及背部的俞穴。同时，这一动作也舒展了肩背部的肌肉关节，使脊椎更加有力和富有弹性。综上，转腰旋脊的太极拳动作可以起到锻炼腰背部肌肉韧带、刺激脊神经和穴位的作用，符合现代脊柱保健理念。

第四节 平衡机能——虚实转换、步走弧形、立足平稳

随着年龄的增长，中老年人的姿势稳定性变差，平衡机能下降。其原因主要是中老年人的肌肉力量减弱，本体感觉功能下降，前庭器官稳定性

---

[1] SHEM K, KARASIK D, CARUFEL P, et al. Seated Tai Chi to alleviate pain and improve quality of life in individuals with spinal cord disorder[J]. Journal of spinal cord medicine, 2016, 39(3): 353-358.
[2] 丁献军，范顺武，虞和君. 运动疗法治疗非特异性下背痛的疗效分析[J]. 中国骨伤，2004，17（7）：432-433.
[3] 人民体育出版社. 太极拳全书[M]. 北京：人民体育出版社，1988：265.
[4] 韦春德，等. 韦以宗论脊柱亚健康与疾病防治[M]. 北京：北京科学技术出版社，2007：37.

退行性变化，以及对突发障碍的神经肌肉反应能力变差等。研究证实，身体活动能够减缓中老年人平衡机能的下降速度。太极拳作为中老年人最适宜的体育活动项目之一，能够起到增强下肢肌肉力量、强化本体感觉和前庭器官稳定性的作用。多项研究证明，太极拳可以提高老年人群体的本体感觉、静态平衡和动态平衡功能[1][2]。Tse 和 Bailey 的研究显示，太极拳锻炼者的单足睁眼站立指标明显优于非锻炼者[3]。Lan 等的实验发现太极拳长期锻炼者在站立行走测试中优于非锻炼者[4]。另有实验研究证实太极拳锻炼可以提高中老年人的静态平衡能力[5][6]。24 周太极拳锻炼前后比较，双足睁眼状态下，受试者轨迹长、外周面积、X 轴动摇速度、X 轴平均摆幅、Y 轴平均摆幅指标具有统计学意义；闭眼状态下，轨迹长、外周面积、重心摇晃的平均速度、Y 轴平均摆幅和 Y 轴动摇速度等指标显著优于实验前，单位面积轨迹长实验后显著高于实验前。有研究显示，太极拳运动在改善膝骨关节炎患者平衡功能、本体感觉，以及提高膝关节屈伸肌肌力上要明显优于八段锦和五禽戏功法[7]。毛敏等通过对比研究太极拳练习者搂膝拗步与正常行走动作的动态稳度、运动学及肌电学指标，发现与正常行走相比，太极拳经典上步动作搂膝拗步的动态稳度、下肢关节运动幅度、股直肌与胫骨前肌的肌肉积分肌电值较大[8]。在太极拳搂膝拗步动作中，练习

---

[1] 李有华，李英奎. 太极拳联合太极桩对功能性踝关节不稳者平衡能力的影响[J]. 北京体育大学学报，2020，43（11）：127-136.

[2] 王哲培，张凯，保罗，等. 太极拳对老年女性下肢静态平衡、本体感觉与功能活动的影响[J]. 中华老年骨科与康复电子杂志，2018，4（5）：296-301.

[3] TSE S K, BAILEY D M. T'ai chi and postural control in the well elderly[J]. American journal occupational therapy, 1992,46(4):295-300.

[4] LAN C, LAI J S, WONG M K, et al. Cardiorespiratory function, flexibility, and body composition among geriatric Tai Chi Chuan practitioners[J]. Archives of physical medicine and rehabilitation, 1996,77(6):612-616.

[5] 赵影，虞定海，杨慧馨. 不同年限太极拳锻炼对中老年女性静态平衡能力的影响[J]. 中国运动医学杂志，2014，33（10）：1015-1018，1021.

[6] 杨慧馨，虞定海. 太极拳锻炼与快走锻炼中老年女性静态平衡机能比较[J]. 中国运动医学杂志，2013，32（5）：437-440.

[7] 王强，杨立群. 不同养生功法在膝骨关节炎患者中的对比研究[J]. 成都体育学院学报，2021，47（4）：107-111.

[8] 毛敏，马刚，权琳琳，等. 太极拳搂膝拗步动作的下肢动态稳度、关节运动及肌电活动规律特征分析[J]. 山东体育学院学报，2021，37（3）：24-30.

者通过在非稳定状态下的练习，最大程度地激活了下肢肌肉，增强了下肢肌肉尤其是股直肌与胫骨前肌的力量，优化了下肢肌肉用力协调性。增加关节运动幅度的策略，可能有利于改善神经肌肉控制能力，提高姿势控制能力，起到预防跌倒的作用。李振瑞等纳入 17 项 RCT 研究进行荟萃分析，结果显示，太极拳可以有效预防老年人跌倒，提高老年人动态平衡能力，且干预效果与太极拳的类型、每周运动频率和运动总时间有关系；未经改良的太极拳干预效果要优于经过改良的太极拳干预效果[①]。

一、虚实转换

《太极拳谱》中的《太极拳十大要论》有云："今夫四肢百骸，主于动，而实运以步。步者，乃一身之根基，运动之枢纽也！而所以为之砥柱者，莫非步！而所以为手之转移者，又在于步；进退反侧，非步何以作鼓动之机？抑扬伸缩，非步何以示变化之妙？而转弯抹角，千变万化，不至穷迫者何？莫非步之司命！身欲动，而步以为之周旋；手将动，而步亦早为之催迫。活与不活，在于步；灵与不灵，亦在于步；步之为用大矣哉！"[②]这里所言之"步"乃指下肢的进、退、转折等虚实变换。太极拳之步以轻灵缓和而著称，既有"足踏出，如前有深渊"的意识，又有"迈步如猫行"的动作，髋、膝、踝关节在节节放松中柔缓地完成下肢的虚实转换，从而达到"足稳则身不可摇"。加之下肢始终处于屈膝状态，从而对骨骼肌和关节提出了较高的要求，增强了下肢肌肉力量，提高了不同肌肉之间的协调用力能力。研究显示，太极拳单腿支撑的动作垂直方向上的压力峰值可以达到整个体重的 109%[③]。Lai 等的研究证实，与快走、健身操等运动相比，太极拳半蹲的运动姿势加重了下肢肌肉的负担[④]。此外，太极拳与正常步

---

① 李振瑞，占超，郭超阳，等．预防老年人跌倒的最佳太极拳运动量的 Meta 分析[J]．时珍国医国药，2021，32（2）：504-509．
② 王宗岳，等．太极拳谱[M]．沈寿，点校考译．2 版．北京：人民体育出版社，1995：262-263．
③ WU G, HITT J. Ground contact characteristics of Tai Chi gait[J]. Gait posture, 2005,22(1):32-39.
④ LAI J S, LAN C, WONG M K, et al. Two-year trends in cardiorespiratory function among older Tai Chi Chuan practitioners and sedentary subjects[J]. Journal of the American geriatrics society, 1995,43(11):1222-1227.

行相比，大腿前后肌群需要同时参与工作，持续时间较长。同时，梁占歌和汪美芳的研究表明，太极拳与广场舞相比，太极拳更有助于改善中老年女性下肢绝对力量和提高其静态平衡能力[1]。在运动过程中，骨骼肌既要发挥保证动作运转的功能，又要维持动作的稳定性，涉及向心收缩、离心收缩和等动收缩3种形式[2]。还需要同时动用和协调主动肌和对抗肌的用力方式[3]。这是传统的力量训练方法无法达到的[4]。因此，太极拳运动不仅可以增强下肢肌肉力量，还可以提高骨骼肌协调用力能力，这可能是太极拳锻炼能够维持姿势稳定性、预防跌倒的机制之一。

二、步走弧形

太极拳出腿走弧形，划圆圈，由内及外，动作弧形；定势动作时，要求身姿略带弧度自然伸展。势圆、着圆配合四肢关节的节节放松，扩大了关节、韧带的活动范围。生物力学实验显示，在搂膝拗步动作过程中，身体重心移动平稳，与正常步行相比，踝、膝、髋关节的活动范围更大[5][6]。太极拳在肢体放松的情况下处处追求圆弧的技法特点，保证了锻炼者下肢始终处于可调可控的范围之内，在缓慢柔和的锻炼节奏下扩大了关节的活动范围，刺激了关节肌肉的本体感觉机能。有研究证实，太极拳锻炼者膝关节本体感觉良好[7]。长期系统的太极拳运动可提高中老年人膝关节皮肤

---

[1] 梁占歌，汪美芳. 太极拳与广场舞锻炼对中老年女性下肢肌力与平衡能力的影响[J]. 中国运动医学杂志，2020，39（4）：307-311.

[2] WU G, LIU W, HITT J, et al. Spatial, temporal and muscle action patterns of Tai Chi gait[J]. Journal of electromyography and kinesiology, 2004,14(3):343-354.

[3] CHRISTOU E A, YANG Y, ROSENGREN K S. Taiji training improves knee extensor strength and force control in older adults[J]. Journal of gerontology. Series A, biological sciences and medical sciences, 2003,58(8):763-766.

[4] BELLEW J W. The effect of strength training on control of force in older men and women[J]. Aging clinical and experimental research, 2002,14(1):35-41.

[5] XU D Q，LI J X, HONG Y L, et al. Tai Chi movement and proprioceptive training: A kinematics and EMG analysis[J]. Research in sports medicine, 2003,11(2): 129-143.

[6] WU G, LIU W, HITT J, et al. Spatial, temporal and muscle action patterns of Tai Chi gait[J]. Journal of electromyography and kinesiology, 2004,14(3):343-354.

[7] TSANG W W, HUI-CHAN C W. Effects of Tai Chi on joint proprioception and stability limits in elderly subjects[J]. Medicine and science in sports and exercise, 2003,35(12):1962-1971.

微血管的反应性和经皮氧分压，为膝关节表面皮肤提供更多的氧气和营养物质，改善膝关节的功能，减少损伤的发生[1]。下肢骨骼肌动觉实验亦发现，太极拳锻炼者的踝关节对细微变化的反应明显优于游泳锻炼者和无运动者[2]。这说明太极拳锻炼可以使人对突发性干扰因素作出快速反应，从而及时纠正身体姿势，防止跌倒。目前有研究在太极拳练习过程中加入扰动因素，构成扰动性太极拳练习，并进一步通过实验证明，扰动性太极拳练习能显著增强老年女性下肢肌力、本体感觉及动态平衡能力，降低跌倒风险，且更优于非扰动性太极拳[3]。

三、立足平稳

太极拳理论强调"足是一身之根基，两足踏实地"，并且足踏地时，要五趾抓地，足心含空。有学者分析了代表向前、向后、左右、上下和中定的搂膝拗步、倒卷肱、云手、右蹬腿、揽雀尾的5个动作，与正常步行相比，向前、向后、左右移动的太极拳动作足底压力分布主要在中侧面，并且向前的动作在前后部的压力分布较大[4]。他们进一步的研究发现，在太极拳运动过程中，足底的最大压力和全部压力时间都集中在脚底的第一趾骨区和大脚趾上[5]。神经生理学认为，神经中枢主要通过下肢远端（足底）肌肉和皮肤来接收信息，从而反馈性地发出指令来支撑人体的姿势和移动。在太极拳技术动作中，"足底要实"的要求扩大了足底与地面的接触面积，可以增加足底向神经中枢传递的信息量，从而当遇到较多的干扰因素的时候，动用并有效控制更多的肌肉参与姿势调整以维持身体的稳定性。对单足独立动作的研究显示，压力峰值和整个压力时间更多地集中在第一

---

[1] 朱欢，胡庆华，彭爱萍，等. 长期太极拳运动对中老年人膝关节皮肤微血管反应性、经皮氧分压的影响[J]. 中国应用生理学杂志，2020，36（4）：321-323，384.

[2] XU D, HONG Y, LI J, et al. Effect of Tai Chi exercise on proprioception of ankle and knee joints in old people[J]. British journal of sports medicine, 2004,38(1):50-54.

[3] 华冰. 扰动性太极拳对老年女性下肢肌力、本体感觉及抗跌倒风险的干预效果[J]. 天津体育学院学报，2018，33（3）：272-276.

[4] MAO D W, LI J X, HONG Y L. Plantar pressure distribution during Tai Chi exercise[J]. Archives of physical medicine and rehabilitation, 2006,87(6):814-820.

[5] 同[4]。

趾骨区和大脚趾，而正常步行则更多地集中在第 2～5 区。人可以通过脚趾来调整姿势上的晃动，从而保持平衡，而大脚趾和第一跖骨区在其中起着主要作用[①]。Zhang 等在实验中发现，经过 16 周太极拳练习后，太极组大脚趾和足跟部位的足底感觉灵敏性提高，并初步探讨该结果的产生可能是由于太极拳的运动特点，柔和舒缓的节奏、较低的强度可能通过增加乙酰胆碱诱导的皮肤灌注，增强内皮依赖性的皮肤血管扩张，进而提高足底触觉灵敏性[②]。因此，长时间的太极拳锻炼可以改善大脚趾区的体觉信息输入，从而有助于机体的平衡控制。李立等运用比利时 Footscan 足底压力测试系统和人体静态平衡能力测试系统对长期从事太极拳运动的老年男性和长期无体育运动的老年男性进行测试，研究结果表明，太极拳运动可以有效促进老年人肌肉力量水平发展，提升老年人对身体姿势的控制能力，使老年人足底区域峰力值、达峰力值时间、负荷率数值接近青年人，平衡能力提升[③]。

综上所述，太极拳提高平衡机能的可能机制主要有以下 3 点：第一，在太极拳运动中，下肢在屈曲状态下完成步型的虚实转换，配合缓慢平稳的动作要求，锻炼了下肢骨骼肌和关节韧带，增强了肌肉力量；第二，太极拳步走弧形，灵活圆转中扩大了关节、韧带的活动范围，刺激了下肢关节肌肉的本体功能；第三，在太极拳运动中，通过五趾抓地确保行拳走架的平稳移动，扩大了足底与地面的接触面积，增加了足底向神经中枢传递的信息量，从而提高了人体应对突发障碍的反应能力。因此，下肢的虚实转换、步走弧形及立足平稳共同作用可以改善和提高太极拳锻炼者的平衡机能。

---

① MAO D W, LI J X, HONG Y. The duration and plantar pressure distribution during one-leg stance in Tai Chi exercise[J]. Clinical biomechanics, 2006,21(6):640-645.
② ZHANG T, MAO M, SUN W, et al. Effects of a 16-week Tai Chi intervention on cutaneous sensitivity and proprioception among older adults with and without sensory loss[J]. Research in sports medicine, 2021,29(4):406-416.
③ 李立,陈玉娟,翟凤鸣,等.长期从事太极拳运动老年人足底压力分布特征及平衡能力研究[J].中国康复医学杂志,2016,31（9）：984-988.

第五节 神经调节——意连心静

在中国传统医学中，心是具有思维意识的器官，与现代医学中的大脑具有相同的功能作用。因此，太极拳的心静实际上相当于让大脑排除繁杂事务的干扰，将精神集中于运动中。同时，通过肢体与意念的放松使大脑的入静处于一种适宜的状态，既不会兴奋性过高，也不至于兴奋性过低。Burish 和 Jenkins 的研究证实，肌肉的放松能够消除精神上的过度紧张，解除人在应激时所引起的不良反应[①]。王国谱等的研究发现，太极拳放松姿势可以明显减少肌肉张力，脑波 α_2 节律占优势，身心呈现轻松而觉醒的状态[②]。另外，太极拳动作追求"着着贯串，势势相承"的劲力与动作的连贯完整，肢体动作出现"微停""断续"，而"劲断意不断"。因此，外形虽微停而内中之意不可止的意连就成为确保太极拳完整一气的重要环节。在这个过程中，强化了大脑对动作本身的敏感度，消除了对其他外界刺激的关注，实现了太极拳"心贵静，静如山岳"的意念要求，从而达到对神经系统的良好促进效果。一方面可以舒缓紧张疲劳的神经状态，另一方面可以延缓由衰老导致的神经机能衰退。

疲劳是神经系统自我保护的正常生理机能，主要发生在两个部位：一是中枢神经系统，为中枢疲劳，以防止机体发生过度的机能衰竭；二是周围神经系统，如神经肌肉接点和骨骼肌等，为外周疲劳。休息是消除疲劳的有效手段，而采用坐、卧、睡觉等方式消除疲劳反而会出现越睡越累的状况，即所谓的假性疲劳。那么，如何休息才能彻底放松是现代人比较关心的问题。根据神经活动的兴奋与抑制具有同时诱导的关系，研究认为，改变引起疲劳的环境和状态才是积极的休息方式。体育锻炼就是这样一种刺激运动神经系统兴奋，使躯体其他神经系统产生抑制的良好休息方式。

[①] BURISH T G, JENKINS R A. Effectiveness of biofeedback and relaxation training in reducing the side effects of cancer chemotherapy[J]. Health psychology, 1992,11(1):17-23.
[②] 王国谱，松本清，佐久间春夫. 太极拳促进中枢神经与外周本体感觉的心理生理学效果[J]. 武汉体育学院学报，2007，41（2）：40-43.

太极拳作为一种体育运动形式,从形体锻炼的角度来看,与其他体育项目一样具有缓解神经系统疲劳状态的作用。同时,它还强调意念对形体动作的引导作用,要求以意运动、意动形随、意贯周身。这就由单纯的运动感受器传递神经冲动刺激运动中枢兴奋,变为了对大脑及其神经系统的主动与被动刺激相结合的双重积极性诱导,从而更加有效地缓解疲劳状态。一些研究已经发现,太极拳锻炼者具有较低的脑电信息熵,大脑两半球的灵活性和协调性优于无锻炼者,并且出现了只有在睡眠的放松状态下才有的θ波(欢乐波)[1]。这可能就是太极拳锻炼达到心静后产生的体松意舒状态的结果。同时有研究认为,太极拳练习者在练习太极拳后,从对技术动作高度集中的状态突然转换到安静平和的状态,导致心理产生一种"自由解放"状态,这可能使α波功率和活力情绪得分提高,而消极情绪的减弱可能与θ波功率受到抑制有关[2]。

随着年龄的增长,神经细胞会出现萎缩和凋亡。有研究表明,40岁以后脑容量大约每10年丧失5%[3]。60岁时脑容量是青壮年的92%~94%,80岁时减少为82%~84%,而皮层表面积减少10%[4],从而导致神经系统和脑的功能出现退行性改变,反应时间延长,随意肌活动减慢,注意力不集中,记忆力减退,持续工作能力下降。中医学将神经系统的衰老界定为"神志失聪"。《灵枢·天年》中指出"六十岁,心气始衰"。中医认为"心藏神,主神明",即精神意识活动由心主宰。心气衰,则神志失聪。《素问·宣明五气篇》曰:"五脏所藏,心藏神,肝藏魂,肺藏魄,脾藏意,肾藏志,是谓五脏所藏。"因此,神志失聪还与其他脏器具有密切关系。例如,藏志的肾与记忆力关系最大,中老年人随着肾气衰减,记忆力会出现明显的减退。此外,肾又是藏精之所,与脑的关系最为密切。肾精不足,不能生髓,

---

[1] 吕墨竹,郭峰. 基于sLORETA脑成像技术探究太极拳运动对中老年人安静状态下脑波影响的研究[J]. 沈阳体育学院学报,2019,38(2):130-139.
[2] 姬瑞敏. 24式太极拳运动对中年女子练习者的脑电波以及情绪变化的影响[J]. 成都体育学院学报,2018,44(6):121-126.
[3] 余资江. 脑衰老与神经干细胞移植治疗研究进展[J]. 中国实用医药,2008,3(28):180-182.
[4] 王虎清,吴海琴. 衰老过程中神经系统的作用[J]. 国外医学(老年医学分册),2008,29(2):53-56.

就会引起脑海空虚。有研究表明，长期进行太极拳锻炼能提高慢性肾炎患者的肾功能，抑制机体氧化应激反应及炎性因子表达，对缓解慢性肾炎病情具有重要意义[①]。现代医学证实，海马与学习记忆有关，增龄会引起海马的衰老性改变，从而导致学习记忆能力下降。太极拳涉及手、眼、身、步等上下肢的密切配合和不同方向的步法移动和转折，强调以意带形，对身体的协调能力提出了较高的要求。经过多次的重复运动，可以提高神经系统的均衡性水平，延缓中老年人由增龄导致的神经机能的衰退速度。孙福立的研究证实了这一点，即常年坚持太极拳锻炼的中老年知识分子，β 频段的能量明显降低，两侧额脑的 β/α 比值相差不显著，表现了左右脑功能的良好平衡状态，与惯用左脑思维的人的左右脑的功能的失衡形成了对比[②]。杨苗苗等的研究也证实，进行太极拳运动时能够使快波（β 波）功率值升高，慢波（θ 波、δ 波）功率值降低，且 β 波功率值的升高主要集中在大脑右侧区域，提高了两侧大脑的协同化水平；太极拳运动后安静状态下，50%的脑区功率值较运动前的安静状态有所下降，所以可将太极拳作为运动员的放松手段；运动后即刻和运动后安静状态下额区的脑电功率值都有所增加，提高了交感神经系统和非交感神经系统对内脏活动的调节功能[③]。太极拳锻炼也许可以改变大脑的结构，大脑皮层越厚，复杂思维能力越强[④]。皮质变厚的时间越长，高级认知功能的发展时间就越长。因此，太极拳可以在一定程度上改善老年人的思维能力和认知功能。

第六节　心理调适——恬淡虚静

随着科学技术的飞速发展与信息时代的到来，工业化、社会化、现代

---

① 石磊. 太极拳锻炼对慢性肾炎患者疗效的影响[J]. 中华物理医学与康复杂志，2012，34（6）：467-469.
② 孙福立，浦群，黄植文. 太极拳锻炼对知识型中老年人前额脑电慢节律变化的影响[J]. 中国老年学杂志，2000，20（3）：139-140.
③ 杨苗苗，王晓娜，周越. 太极拳练习前后脑电信号变化特点的研究[J]. 北京体育大学学报，2015，38（3）：67-71.
④ 张晓斐. 太极拳锻炼对老年人健康影响研究的现状与展望[J]. 运动，2014（14）：147-148.

化程度不断提高，生活节奏日益加快，时间越来越宝贵，人们越来越为效益所驱使；自主的、创造性的劳动及高级的脑力劳动越来越多；人们的活动范围不断拓展，处理微妙复杂的人际关系为每个人所不可避免；各领域的竞争强度也越来越大，人与人之间的收入、社会地位等差异越来越显著。这些都不可避免地给现代人带来了沉重的心理压力，心理健康问题正日趋严重地影响着当代人的身心健康与生活质量。中医学理论认为，七情乃致病的根源之一，而其中人与社会之间的不协调就会导致七情过激。"凡人之生也，必以其欢。忧则失纪，怒则失端。忧悲喜怒，道乃无处。"[1]这句话的意思是，为人处世，如不能以平和之心态对待，必将被喜怒忧思所困。人生来就是有欲望的，欲不得则求之，求不得就会带来困扰与烦恼。尤其是在当今社会，整个世界正经历着前所未有的发展速度，快节奏的工作与生活方式、复杂的人际关系不断冲击着人们的神经。患得患失、心浮气躁已成为现代人的普遍症状，进而引发了抑郁症、慢性疲劳综合征等心理生理性疾病，严重影响了人们的生活质量，甚至危及社会的稳定与和谐。恬淡、从容、平静的人生态度是开启快乐人生的一把钥匙，是解决现代人心理疾病的一剂良药。对人生七情的困扰，我们可以在中国古代的哲人那里获得一些启示，如道家主张"恬淡虚无，顺其自然"，儒家认为"以礼制心乃快乐的根源"，而法家则提出了"凡道无所，善心安处"符合社会发展规律的观点。凡此种种，大多是提示人们让纷繁的心灵恢复恬淡，让浮躁的灵魂寻求宁静。太极拳就是这样一种以虚静贯穿拳理与拳技始终的拳术。它主张"心、性与意静"，认为"静所以守；心定而后静；静而后神安"。实际上，太极拳之静对于锻炼者来说，是将注意力有效地运用到拳架走势中，用心体会技术要领的一种方法。在这样长期的静的心理暗示下，练习者的心态发生着潜移默化的变化，由"用意"之静逐渐演化为"恬淡"心灵之虚静，从而形成荣辱不惊、从容不迫的良好心理状态。王国谱等的研究证实，太极拳锻炼可以使处于较高焦虑水平的受试者 α_1、α_2、β_1 的节律增加，使他们情绪安定、身心放松、注意力集中，并向低焦虑状态转化[2]。

---

[1] 戴望. 诸子集成·管子校正[M]. 北京：中华书局，2006：272.
[2] 王国谱，王文超，佐久间春夫. 不同状态性焦虑者参加太极拳运动前后脑波特征及状态性焦虑的变化[J]. 体育学刊，2006，13（6）：43-47.

较低焦虑水平的受试者，其焦虑状态几乎降至最低水平，并且不易受到外在条件、应激等因素的影响。其另一项研究通过3个实验从脑波学初步证明太极拳的身心调控效果[1]。实验一表明，太极拳熟练者的 α_1、α_2 节律含有率均显著高于初学者，且熟练者的状态性焦虑显示持续性下降。实验二表明，实施太极拳式呼吸后，前后脑波均处于 α_2 节律的优势状态。实验三表明，太极拳的意念调节放松后，头部顶叶及枕叶的 α_2 节律含有量明显高于放松前，且肌电积分值明显减少。3个实验结果均显示，经过太极拳身心调控，受试者的状态性焦虑降低，脑波 α_2 呈现节律优势。姬瑞敏的研究表明，练习后练习者的心率恢复到安静状态时，前额区 α 波相对功率显著增高，θ 波相对功率显著下降，同时在中央区和枕区 θ 波相对功率显著下降[2]。太极拳练习后，受试者积极情绪得分水平提高而消极情绪得到抑制。可见，太极拳正是符合这些标准的运动项目，加之它对心静的锻炼要求，无疑能够预防和治疗现代人的心理疾患。

第七节　腹式呼吸——细匀深长

太极拳理论中的气首先应是呼吸之气，即吸入之清气，呼出之浊气。《太极拳谱》中的《太极拳十大要论·二气第二》中明确表示"气不能无呼吸"[3]，亦详细注明"息之于鼻，呼吸往来于口"[4]。陈子明在《太极拳精义》中说明了"呼吸调气，最能发达肺部"[5]。对于呼吸与动作的配合，太极拳理论中亦有所阐述，"呼吸通灵，周身罔间。吸为合、为蓄；呼为开、为发。盖吸则自然提得起……呼则自然沉得下"[6]，"呼吸自然，一线串成"[7]。

---

[1] 王国谱，杨勇，吴金花，等. 运用脑波分析太极拳身心调控的作用[J]. 北京体育大学学报，2012，35（8）：80-83.
[2] 姬瑞敏. 24式太极拳运动对中年女子练习者的脑电波以及情绪变化的影响[J]. 成都体育学院学报，2018，44（6）：121-126.
[3] 王宗岳，等. 太极拳谱[M]. 沈寿，点校考译. 2版. 北京：人民体育出版社，1995：249.
[4] 同[3]。
[5] 陈子明. 太极拳精义[M]. 太原：山西科学技术出版社，2008：26.
[6] 王宗岳，等. 太极拳谱[M]. 沈寿，点校考译. 2版. 北京：人民体育出版社，1995：65-66.
[7] 王宗岳，等. 太极拳谱[M]. 沈寿，点校考译. 2版. 北京：人民体育出版社，1995：102.

中国古代传统养生功法中对呼吸给予了较高的重视，调息的方法主要包括自然呼吸法、腹式呼吸法、口吸鼻呼法、胎息法、停闭呼吸法等。同样，以三调（身、心、息）为手段达到身心自我控制的印度瑜伽术，也将调息作为基本功。它认为：通过呼吸，可以使元气（蒲拉那）经由经络之网为全身补充精力和维持生命。所有瑜伽学派都以呼吸操为研究瑜伽之入门[①]。太极拳中的呼吸最早是为了配合技击的需要，强调动作与呼吸的密切配合，并且根据各式各样的拳式变换速度来调整不同强度的自然呼吸，甚至在一些拳派中还通过辅助的发声来促进呼吸与动作的配合，如陈式、杨式中的"嘘、呵、西、吹、呼"五音[②]。太极拳中将这种呼吸方法称为"拳势呼吸"。但对于以养生和健身为主的太极拳锻炼者来说，不必一味地追求呼吸与动作的配合，而是应以呼吸顺其自然为主。尤其对于初学者而言，在呼吸方面的要求一般以自然呼吸为主，有了一定的基础后，可以有意识地采用腹式呼吸法。腹式呼吸是通过横膈肌的升降来吐故纳新的一种呼吸方式，相比以胸廓的开合起伏为主的胸式呼吸，它可以使脐下丹田明显地起伏鼓荡，更有利于气沉丹田。太极拳练习者达到一定程度后，为更上一层楼、精益求精，会形成逆腹式呼吸。从生理特征来讲，逆腹式呼吸更能加大和加深肺活量，提高机体摄取血氧的能力，与动作配合协调，表现出太极拳的细、匀、深、长的呼吸要求[③]。

太极拳采用的这种细、匀、深、长的腹式呼吸法可以加深呼吸深度，减少肺换气的次数，起到锻炼呼吸肌，保持肺组织弹性，增大胸廓活动度、肺活量、肺通气量及心肺储备的作用[④][⑤]。现代医学认为，肺和胸廓的变老使肺容量发生改变，肺总容量平均每平方米体表面积每年减少 4.5 mL。解剖上的无效腔，中年人约为 127 cm^3，而老年人则增加至 150～160 cm^3。

---

① 林中鹏. 中华气功学[M]. 北京：北京体育学院出版社，1988：259.
② 唐豪，顾留馨. 太极拳研究[M]. 3版. 北京：人民体育出版社，1996：97.
③ 文建生，苏敏. 太极拳逆腹式呼吸的生理效应研究[J]. 北京体育大学学报，2012，35（3）：67-70.
④ 李文颢，吴知凡，荆纯祥，等. 陈氏太极拳对糖尿病前期患者心肺耐力的影响[J]. 中华中医药杂志，2019，34（6）：2807-2809.
⑤ 吕乾瑜，李俊佳，唐菁菁，等. 太极拳康复训练对稳定型心绞痛患者心绞痛发作、生活质量及心肺储备功能的影响[J]. 中医杂志，2021，62（21）：1895-1900.

有学者通过跟踪调查发现，太极拳锻炼可以抑制由增龄导致的呼吸机能速度下降[1]，还可以降低慢性阻塞性肺病患者呼吸困难指数，改善患者气道通气及阻塞程度[2][3]。此外，在腹式呼吸过程中，横膈肌有节律地上升和下降，对内脏起到了轻微的按摩作用，有助于消化、循环系统器官功能的改善。

第八节　身心合一——整体运动

世界卫生组织 1948 年把健康定义为"不仅是没有疾病或不虚弱，而且是生理、心理和社会功能保持完好状态"。也就是说，健康是个体生理、心理和社会功能的一种平衡状态。中医理论认为，人体致病的原因有两个：一个是外界环境的异常，即风、寒、暑、热、燥、湿等自然环境的影响；另一个是人体内环境的变化，即所谓的七情（喜、怒、忧、思、悲、恐、惊）。因此，中国古代的医学家和养生家对疗病与摄生的关注都涉及自然（天）、社会和人的和谐共生，从而提出了人与自然、人与社会、形体与精神的整体发展的观点。太极拳理论中融摄了传统文化中的整体思想，将身与心、形与神构建在同一个炼养体系中予以关注，从而形成了形神共养、内外兼修的运动特点。它的健康效益正是由内在脏腑功能的提高来促进外在骨骼肌肉的坚实，以恬淡平和的心神与情境求得身体机能的改善。

现代科学已经逐渐从还原论的思想桎梏中走出来，开始将目光更多地投入到以整体思想为理论根据的系统论中，并且取得了科学研究的一些全新进展。例如，心理神经免疫学就是一门正迅速发展的交叉学科和新型边缘科学，它融合了心理学、生物化学、免疫学、解剖学、行为学、分子生物学和临床医学等多学科，研究神经系统如何将心理因素转换为可以影响健康的生理状态的机制，特别是脑和行为如何影响免疫系统，又如何受到

---

[1] 程新英. 太极拳运动延缓衰老的效果与机制[J]. 老年医学与保健，2017，23（6）：590-592.
[2] 胡建平，韩佩轩，桑笑乐，等. 太极拳康复训练对中老年慢性阻塞性肺疾病稳定期患者的临床疗效[J]. 中国老年学杂志，2020，40（24）：5225-5227.
[3] 王莉华，高亮. 太极拳锻炼对老年人 COPD 患者干预效果的 Meta 分析[J]. 广州体育学院学报，2020，40（6）：95-101.

免疫系统的影响[①]。心理神经免疫学是关注人身心关系的一门学科，从侧面证实了传统医学、养生学中对人体精神、形体的整体调摄与炼养的科学性，更为太极拳的健身机制提供了理论依据。

太极拳强调"用意""心静"的意念疏导与形体锻炼相结合，从整体上提高了人体各系统的机能能力。这可能也是太极拳能够缓解一些目前尚没有明确诊断标准的疾病的原因所在，如慢性疲劳综合征、肌纤维痛等。慢性疲劳综合征由美国疾病控制与预防中心1988年正式命名，以持续或反复发作不少于6个月严重疲劳为特征，伴有头痛、睡眠障碍、注意力和记忆力下降、抑郁、肌肉骨关节疼痛等多种躯体及精神神经症状。一些研究表明，它可能就是一般意义上的神经衰弱。肌纤维痛也是近些年来困扰人类的一种疾病，主要症状是身体多个区域持续不断地疼痛，伴有疲劳感、精神不集中、睡眠障碍等多种反应。已有研究显示，这可能是大脑把疼痛"放大"的结果。上述病症由于发病机理的复杂性和致病机制的不确定性，尚缺乏十分有效的治疗手段和方法，一些常规药物还会对机体造成较大的负面影响。因此，物理治疗、心理疗法、运动锻炼被较多地用于缓解症状、促进康复。有研究表明，太极拳作为中医非药物疗法的重要组成部分，切中慢性疼痛的病机，具有疏通经络、活血化瘀、宁心安神的作用，可有效缓解慢性疼痛[②]。相关文献显示，太极拳锻炼12周后，肌纤维痛影响问卷分数、匹兹堡睡眠质量指数、流行病研究中心抑郁量表等分数均降低，SF-36生活质量量表值升高。结合以往研究显示的运动能够缓解肌纤维痛的症状实验，该研究认为，太极拳除了形体锻炼，还注重呼吸调节，强调心神的内敛和宁静，能够影响神经、免疫等系统和机能，升高疼痛阈值，从生理和心理两个方面调整肌纤维痛患者的不适感。可见，太极拳形、意、气共养的锻炼方式起到了提高身体机能、调适心理状态的双重作用，确保了机体功能全面的、完整的养护和提高。

---

① 蔺志华. 道家养生功法之研究[D]. 上海：上海体育学院，2009：135.
② 陈李圳，景向红，代金刚. 太极拳和八段锦缓解慢性疼痛机制的研究进展[J]. 中医杂志，2021，62（2）：173-178.

第四章　太极拳健身价值的技法要素

太极拳作为武术的重要分支，与其他武术拳种一样，都是中国文化的一部分，具有相似的技理与方法。例如，太极拳同样强调"手、眼、身、法、步"的协调性，陈鑫在《陈鑫关于官骸十三目的语录》中，便对头、眼、手、腰、足等进行了详尽的论述。此外，太极拳还追求形、意、气的整体炼养，并力求三者的高度统一。与其他武术不同的是，太极拳还形成了"掤、捋、挤、按、采、挒、肘、靠、进、退、顾、盼、定"等独特的技术动作。隐含在其中的柔缓放松、虚实圆连的技法特征既是太极拳区别于其他体育项目，乃至武术拳种的独特之处，可能也正是太极拳良好健身效果和价值的基础。可以说，太极拳因柔缓放松、虚实圆连等技法特征而成，健身效果也可能因其而显现。因此，本研究在对太极拳健身效果与价值研究成果整体梳理的基础上，以陈式、杨式、吴式、武式、孙式等太极拳为例，结合太极拳的技法特点，提炼和分析能够反映太极拳健身效益的主要技法要素，为太极拳动作的创编，以及健身价值的阐述与诠释提供理论支持和实践依据。

第一节　健身要素的提炼

沈寿从太极拳锻炼的角度，将"太极拳十要"概括为"七字要诀"，即静、松、稳、匀、缓、合、连，从而为太极拳练习者提供了理论指导，使他们更容易领悟太极拳的核心技术。郭志禹和姜娟则立足于中国文化的高度，提出了由"松、正、动、连、合"五字构成的运动健身子系统，由"寡、守、恬、愉、善"五字构成的运动健心子系统，以及由"静、柔、意、气、缓"五字构成的运动养生子系统，并对各子系统的养生健身性予以阐发[1]。姜娟构建了太极拳健身技理系统，提炼出"心、静、意、连、形、松、气、缓、步、柔、圆、整"12字作为健身要素子系统[2]。郑松波在分析太极拳健身效果和锻炼特点的基础上，提炼出"静、松、慢、圆、整"5个太极拳健身因子[3]。以上研究分别从传统文化、健身技理及技术锻炼等视角提出了一些具有概括性的太极拳健身要素。本研究在广泛借鉴现有研究成果和太极拳健身要素提炼理念的基础上，依托太极拳独特的养生观和健身原理，以及太极拳的技法特征，以陈式、杨式、吴式、武式、孙式太极拳为例，尝试性地对太极拳健身要素进行提炼。

由表4-1可知，陈式、杨式、吴式、武式、孙式太极拳的动作特点主要涉及缓慢柔和、松沉圆活、连绵不断、虚实分明、心静用意、内外相合，以及形、意、气的密切配合。

表4-1 陈式、杨式、吴式、武式、孙式太极拳的运动特点

拳种流派	运动特点
陈式太极拳[4]	大脑支配下的意气运动；身肢放长的弹性运动；顺逆缠丝的螺旋运动；立身中正、上下相随的虚实运动；腰脊带头、内外相合的节节贯串运动；相连不断、滔滔不绝的一气呵成运动；从柔到刚、从刚到柔的刚柔相济运动；从慢到快、从快到慢的快慢相间运动
杨式太极拳[5]	虚灵顶劲、含胸拔背、松腰、分虚实、沉肩坠肘、用意不用力、上下相随、内外相合、相连不断、动中求静
吴式太极拳[6]	柔、缓、和谐、连贯、圆形动作、用意不用力；悬顶弛项、含胸拔背、转腕旋膀、展指凸掌、弓腰收臀、屈膝坐腿
武式太极拳[7]	含胸、拔背、裹裆、护肫、提顶、吊裆、松肩、沉肘、腾挪、闪战、尾闾正中、气沉丹田、虚实分清
孙式太极拳[8]	思想集中，呼吸深长；迈步必跟，退步必撤，左右转身均以开合相接；中正平稳、舒展柔和、动中求静；势如行云流水，绵绵不绝。姿势要求：塌腰塌腕；提肛；扣肩、扣膝；舌顶上颚、顶头；裹膝、裹胯和裹肘；松肩、松胯；垂肩、垂肘；缩肩、缩胯；头、手、脚起钻落翻要分明

---

[1] 郭志禹，姜娟．中国太极拳健康文化系统的研究[J]．上海体育学院学报，2006，30（3）：57-61．
[2] 姜娟．太极拳健身技理及其科学基础[M]．北京：北京体育大学出版社，2009：26．
[3] 郑松波．太极拳健身原理研究[D]．南昌：江西师范大学，2003．
[4] 人民体育出版社．太极拳全书[M]．北京：人民体育出版社，1988：5-59．
[5] 人民体育出版社．太极拳全书[M]．北京：人民体育出版社，1988：314-316．
[6] 人民体育出版社．太极拳全书[M]．北京：人民体育出版社，1988：440-444．
[7] 人民体育出版社．太极拳全书[M]．北京：人民体育出版社，1988：574-577．
[8] 孙禄堂．孙禄堂武学录[M]．北京：人民体育出版社，2001：330．

缓慢柔和是太极拳显于外的特点，也是大众对太极拳的普遍认知，但太极拳实质是一种外柔而内刚的拳术。首先，外在的柔和实际上是发力瞬间刚猛的铺垫，若没有完全地放松，则无法产生最大的爆发力；其次，缓慢是在静观其变，从而达到"彼不动我不动，彼动我动"的技击效果。太极拳的缓慢柔和虽为技击而生，但在实际练习过程中，柔缓的动作有助于形体和意念的放松，适合体弱人群练习，同样能起到健身强体的作用。

松沉圆活是指太极拳形体要放松，脚底要生根，不僵不滞，弧形走架，处处体现太极拳的圆，以及圆的一部分——弧形，如同怀抱太极图。松、沉相互关联，只有放松才能产生沉重感。譬如，肘关节放松，另一人将手托于其下，立刻就会体会到沉重感；圆、活互为关系，世间最完美的图形就是圆形，而圆又是最容易变通变化的一个形状，因此，只有动作走圆（弧），才是最灵活的。

连绵不断一方面指各关节之间的节节贯穿、上下相随，如松胯屈膝，腰胯的放松带来了相邻膝关节的放松，此时的屈膝是被动的，而非主动的；另一方面指前后动作的连贯，同时还指意气相连，即形、意、气都要在无断续、无凹凸的状态下一气呵成，相连不断。

虚实分明隐含了肢体移动过程中保持重心稳定的重要性，既指上肢与下肢的虚实配合，还包括上下肢、左右肢的虚实转换。虚实分明避免了太极拳行拳走架过程中的"双重"，即只有"双阴"或"双阳"。

心静用意是太极拳有别于西方体育运动项目的独特之处，太极拳的心静乃是用意的基础，即排除杂念，将精神与意识集中在行拳走架上，它突出了太极拳中意的主导地位。随着太极拳技术水平的提高，当动作达到自动化程度，心意与形体、呼吸完全融为一体时，也可能出现心神虚静的无思状态，即真正的太极入静。

内外相合是指太极拳拳脚运动、姿势架子的操作与内里的吐纳呼吸、运气循环相统一。从技击的视角来看，太极拳可以使练习者触觉灵敏，能够快速对外部威胁作出反应；从养生的视角来看，太极拳练习提高了人体的内部灵敏性，使人体能够敏锐地感受到风邪湿热等不良因素的影响，从而快速应对，这是太极拳与导引、气功等传统养生功法一脉相承的结果。

形、意、气的密切配合表明了太极拳对中国传统哲学思想中身心一统的继承和延续,对传统医学、养生学中精气神学说的融合与吸收。它也是太极拳重要炼养方式的体现,即它的修炼不仅仅停留在外在形体上,更是对形、意、气的全面锻炼,强调三者的协调与统一。

综上所述,本研究将太极拳健身要素提炼为缓、松、柔、圆、稳、静、连、整8个字。

第二节　健身要素的分析

从技法特征视角来看,缓、松、柔、圆、稳、静、连、整是太极拳的技术本原;从健身视角来看,通过对缓、松、柔、圆、稳、静、连、整的剖析,可以揭示太极拳健康效益的可能机制。本节在遵循太极拳技术本原的前提下,以太极拳经典文献为切入点,引入生理学、生物力学等相关理论与知识,对缓、松、柔、圆、稳、静、连、整8个太极拳健身要素进行分析。

一、缓

与激烈刚猛的运动项目或其他武术拳种相比,太极拳从外在形态到气息运转的一个最显著特点就是缓,即慢。吴鉴泉曾提出:"练架子则愈慢愈好"[1]。《太极拳谱》中亦指出:"走架所以要慢,不要快。"[2]太极拳的慢是一种迈步如猫行、临渊履冰的慢,在缓慢中获得身肢的轻灵,体会意气的相随。这是一种如饮香茗般的慢,从中可以细细体味身体动作变化的美妙与意境。因此,我们说太极拳的"缓"是身体调控的轻缓,是心灵放松的轻缓。但它绝非无限度地放慢动作,而是随着身体内气的节奏而变化。所以说,太极拳是一种意气相随、动静结合的运动。此外,从运动强度的角度来看,太极拳动作主要在下肢屈曲的状态下完成,缓慢的动作节奏无

---

[1] 吴鉴泉. 吴氏太极拳[M]. 陈振民, 整理. 台北: 华联出版社, 1984: 19.
[2] 王宗岳, 等. 太极拳谱[M]. 沈寿, 点校考译. 2版. 北京: 人民体育出版社, 1995: 70.

形中增加了运动量。

（一）缓的意义

从技击的角度分析，缓有利于蓄劲和放松。两两对战之时，只有在放松的情况下才能将劲力存蓄，从而以最快的速度、最大的劲力克敌制胜。此外，缓还可以达到使人保持高度的灵敏性，不急不躁，徐缓中保持静心，确保大脑（心神）准确作出判断、发放指令，从而占据最佳的技击主动性，形成最准确有力的击打效果。

从健身的角度分析，首先，不徐不疾，意识引导下的轻缓运动可以为初学者提供记忆和揣摩动作的时间；可以使技艺提高者细细体会不同关节肌肉的运动顺序和发力运劲特征，从而达到"行气如九曲珠，无微不到"的表层肌肉、深层肌纤维，乃至内脏的协同运动。正如吴公藻所言"太极拳慢而无力；慢者缓也；慢所以静；慢由于心细"[1]。其次，缓慢的动作可以使练习者逐步体会全身内外是否有不放松之处，这同样适用于不同锻炼阶段形体和意识的放松需要。最后，缓慢的动作有利于调整呼吸，使呼吸逐渐达到"细、匀、深、长"。因此，缓不仅是外在形体的慢，还是呼吸绵长的前提。

（二）缓的要点

太极拳的缓是一种相对的匀速运动，即所谓"缓急从心"，不论动作快（相对的快）慢，均不失其等速性，蕴含匀的要求。沈寿认为，由于太极拳是等动力匀速运动，它可以充分利用运动惯性，从而节省体力消耗[2]。这种缓不是越慢越好，而是有限度的缓，是动作没有断续和停顿、气势不散漫的缓，即在动作连绵不断的基础上讲求的轻缓。正所谓"运身缓慢，慢而不僵"，从而达到"慢如行云"的境界和要求，不可表现呆相的缓，切忌因慢而产生滞顿问题[3]。以上所述主要针对太极拳初学者。对于具有一

---

[1] 吴公藻. 太极拳讲义[M]. 上海：上海书店，1985：18-19.
[2] 沈寿. 沈寿·太极拳文集[M]. 北京：人民体育出版社，2005：31.
[3] 汪永泉. 杨式太极拳述真[M]. 魏树人，齐一，整理. 北京：人民体育出版社，1990：15.

定太极拳锻炼经历的爱好者来说，除了注意慢中寓匀、重、连，还需要了解太极拳的快慢相间。也就是说，太极拳不是一味地只有缓，它同样遵循刚柔相济的武术技法特征。这一点在陈式太极拳技术动作中体现得最为显著。众所周知，陈式太极拳包含蹿蹦跳跃、瞬间发力等技术动作，这些动作贯穿陈式太极拳行拳走架，即转关折迭处似松非松，表现出绵软的慢动作，在由圆转方的过程中表现出快动作[1]。当然，其他各式太极拳与陈式太极拳相比，可能刚性动作较少，甚至没有，但不代表它们只有缓、慢，而缺少急、快。所有太极拳实际上都是外缓而内动的，即外形缓和而内气鼓荡。

二、松

在日常生活中，人们在有意识地搬起重物、提拎物品，或者是做推拉动作等情况下，都惯用直力，即在主动肌发力、拮抗肌配合下完成。此外，人们一般性的体力活动及日常身体动作与姿势的维持等，都是大肌肉群在发挥作用，深层肌肉参与度较低。因此，久而久之，人们往往会产生不同程度的拙劲，表现为随着年龄的增长，身体越来越僵硬、不灵活。

从未接触过传统养生功法的太极拳初学者受到习惯用力方式的影响，初学太极拳时大多身体僵硬，如抬臂必耸肩、进步必勾脚等。太极拳的练习过程就是不断改善人们的习惯性僵力的过程。因此，对太极拳锻炼者来说，松的要求应贯穿练拳的始终。也可以说，松是太极拳的核心技法，更高度的松是毕生练拳的追求。这里的松不仅包括形体上的松柔、松缓等，也泛指意念心神上的松静。当然，太极拳的松绝非懈，松的关键点在筋膜关节部位，肌肉仍然需要用力维持动作姿势；而懈是肌肉不再用力，从而表现为动作松垮。

（一）松的原理

太极拳先贤们利用太极阴阳理论，将天地与人身进行了类比，认为"天

---

[1] 人民体育出版社．太极拳全书[M]．北京：人民体育出版社，1988：45．

地为一大太极,人身为一小太极"①,又在"人身小太极"这个范畴内,论证了"心为一身之主宰。主宰,'太极'也。二目为日月,即'两仪'也……四肢乃'四象'也"②。由此,太极不仅仅是宇宙的本源,同样也是人的本源。太极本是阴阳二气交感而成的,氤氲一片,和谐松虚。因而,太极阴阳理论中松的意蕴即是太极拳理要遵循的至道,这种至道又需要由与天地万物同质同息的人来完成,即形炼中对体松的理解和把握,以及身体力行地实践之。

《道德经·春秋·老子》有云:"专气致柔,能如婴儿乎?"这是对由松到柔的至高要求,即返归于婴孩。人体的放松本为先天之性,初生婴儿,身体是松柔的,小小的手臂柔弱无骨,托起有一种沉重的感觉。这种在太极拳练习中反复强调的松沉在婴孩这里就是一种本性,是尚未染上后天紧张僵硬的习惯,一切均处于放松自然的状态,没有任何矫揉造作、僵化使力的感觉。因此,太极拳中的松是人类本性所在,对松的不懈追求就是永葆婴儿之松软。从这个角度来看,太极拳的放松是人类返璞归真、对先天本性的向往。

(二)松的层次

太极拳的放松,不限于肌肉、皮肤和骨节,它要求中枢神经系统、内脏器官都要同时放松,亦即要求全身内外都放松③。因此,太极拳的松既指形松,也包含意松,或称为松静的状态。在此,本研究将太极拳的松分为两个大的层次,第一,体松;第二,意松。分述如下。

常人由于受到后天用力习惯的影响,运动中善于用直力,无法适应太极拳松柔的用力方式,行功走架中常会出现使用僵力、僵劲的姿势和动作,肢体出现不同程度的紧张部位。但随着练习年限的延长和锻炼程度的提高,僵紧的状况会逐渐改善,从而能够在意识的控制下,达到身体的完全自然放松,即外形和顺。在此,本研究根据人体的肌肉用力特点和太极拳的技

---

① 王宗岳,等. 太极拳谱[M]. 沈寿,点校考译. 2版. 北京:人民体育出版社,1995:196.
② 王宗岳,等. 太极拳谱[M]. 沈寿,点校考译. 2版. 北京:人民体育出版社,1995:145.
③ 唐豪,顾留馨. 太极拳研究[M]. 3版. 北京:人民体育出版社,1996:70..

术特征，将体松分为3个层次。第一个层次，刚刚接触太极拳运动，无法控制技术动作中的力点，韧带肌肉柔韧性较差，上下肢都无法达到放松。第二个层次，由于太极拳缓慢的技术特点，运动中下体（下肢）承力较多，肌肉关节在用力担负身体重量的情况下，达到放松的状态具有一定的难度。相比之下，上体（上肢、躯干和头部）肌肉关节首先达到放松的状态。譬如，向上抬臂时，肩部不再发力僵直。将能够达到上肢肌肉放松的阶段定义为体松的第二个层次。第三个层次，上下肢均能达到放松，能够实现"迈步如猫行"，下肢能够在筋膜关节放松的情况下完成进步、退步等动作，即上下肢都能够处于灵活放松的状态，将其定义为体松的第三个层次，这也是体松所追求的最高层次。

意松是太极拳更高层次的放松，它是对练习者心神控制的要求。意松包含两个层次的放松，第一个是初级层次的意松，这时的意松可能建立在体松的基础上，也可能练习者尚未达到体松。对于初学者而言，体松尚未达到，意松能够达到吗？答案是相对肯定的。初学者动作不熟练，或尚未达到动力定型，意念往往放在熟记动作上。如果能够将意念集中于动作要领上，这实际上就达到了"以一念代万念"的精神放松状态，因此，我们说，初学者是否可以达到意松，关键是初学者能否将意念集中到某一点，如动作要领。可见，初学者应建立意念放松的意识，掌握意念放松的方法。第一个层次的意松是在意念引导下的放松，即有意识的放松；第二个层次的意松则是更高层次的放松，它需要建立在体松的基础上，即动作达到自动化程度后，排除杂念，此时意识不需有意专一于放松，而是在形、意、气达到和谐一致的状态下，练习者随着内气的运转而达到的自然状态的意松。这种情况多见于具有多年锻炼经历并对太极拳技法体会较深的拳家。他们表演时，纯静专一，气势腾挪，精神灵动，一片神行，可以使观众的情绪安定下来，全场肃静，专心欣赏[①]。这是体松，继而意松后，彰于外的表现。

---

① 唐豪，顾留馨. 太极拳研究[M]. 3版. 北京：人民体育出版社，1996：59.

三、柔

《太极拳谱》中将"掤、捋、挤、按"对应为"坎、离、震、兑"[①]。作为四正劲的"掤劲"与八卦主水的"坎卦"相对应，从本源上确立了太极拳乃至柔之术的特征[②]。杨澄甫提到"练十三势要用柔法"[③]。徐震[④]有云："故肄习太极，务在柔缓。柔可驯致和顺，缓可详审体察。和顺而后能因应，体察所以求明理。及至习惯如自然，则遘物不慑，心自定矣。"[⑤]老子曾说"专气致柔，能如婴儿乎""坚强者死之徒，柔弱者生之徒"。可见，在传统文化中，虽然刚柔代表着阴阳两面，但柔是被推崇的，正所谓"天下莫柔弱于水，而攻坚强者莫之能胜"。柔能胜刚，柔必胜刚。太极拳恰恰诠释了这一深刻的传统哲学思想，将"天下之至柔，驰骋天下之至坚"的道理通过肢体语言表达得淋漓尽致。因此，太极拳的柔不是表面动作上的柔缓、柔和，而是中国智慧融于实践的体现。

（一）柔的特点

"此拳外面似柔，其实至刚。"[⑤]太极拳具有"极柔软，然后能极坚刚"的技术特点。因此，在论述太极拳"柔"的技术特点时，必须提及它的阴阳之"阳"面——刚。太极拳是柔中寓刚、绵里藏针的拳术。杨式、孙式、吴式、武式太极拳在运劲过程中表现为柔，定式动作时以意念将隐于内的全身之力聚于一点，陈式太极拳的刚落点更是外显于一些动作中。当然，不乏养生健身的需要，太极拳"柔"的特点在外形技术上得到了极大的发扬。但无论从哪个角度分析，太极拳的"柔"都不是绵软无力的，而是一种具有韧性的柔劲，是绵里藏针的"柔"。

河上公对老子的"专气致柔，能如婴儿乎"有注云："专守精气使不

---

① 王宗岳，等. 太极拳谱[M]. 沈寿，点校考译. 2版. 北京：人民体育出版社，1995：30.
② 钱惕明. 太极内功心法全书[M]. 北京：人民体育出版社，2008：197.
③ 杨澄甫. 杨澄甫武学辑注——太极拳使用法[M]. 邵奇青，校注. 北京：北京科学技术出版社，2016：91.
④ 徐震. 太极拳谱笺 太极拳发微 太极拳新论[M]. 太原：山西科学技术出版社，2006：11.
⑤ 人民体育出版社. 太极拳全书[M]. 北京：人民体育出版社，1988：276.

乱，则形体应之而柔顺"①。可见，这里的"气"非呼吸之气，乃人体之精气。专具有听任之意，蕴含了老子的"无为"思想，即不要去刻意追求，而要任其自然。太极拳形炼中随曲就曲，自然放松；太极拳意炼中凝神入气，以意行气。这些都是致柔的方法和途径。从这个角度来看，体松静心是柔的前提和基础。

（二）柔的价值

太极拳中柔的价值可以从太极拳的技击性和健身性两个方面分析。

从技击性的角度来看，太极拳的柔实际上是为了克刚。在太极拳法中，以小力胜大力、以无力御有力，弱胜强、柔胜刚为其主旨。许禹生在《太极拳经详注》中将太极拳的制胜之理总结为："盖敌力须加吾身，方生效力，苟御制得道，趁其用刚发动之始，审机应变，采取擒获，使还制其身，则我虽弱，常常居制人地位；敌虽强，常居被制地位，难于自由发展，力虽巨奚益。"遇敌之时，随敌劲以为伸缩，所谓柔中而有弹性。杨式老拳谱《太极下乘武事解》中有云："太极武事，外操柔软，内含坚刚，非有心之坚刚，实有心之柔软也。"太极拳之柔在技击上就"犹如水之无所不至，迎敌则无所不适"。

从健身性的角度来看，柔和缓慢的太极拳动作与技法要求，能让练习者的身心都得到充分的放松。将柔的概念融入肢体动作中，无形之中将人的身体带入一个舒缓的空间。当肢体挥洒自如，圆融无碍，无凹凸处时，神入气中，形神合一，精神必然随之"专于一事"，渐及"以一念代万念"，从而达到《黄帝内经·素问》中所说的"恬淡虚无，真气从之，精神内守，病安从来"的健身效果与价值。因此，我们说，太极拳的柔是形松之柔，是养心之柔。

四、圆

圆是太极之形，是太极之本，是天地万物之像，是天地日月万事万物

---

① 河上公．老子道德经河上公章句[M]．王卡，点校．北京：中华书局，1993：23．

运动的轨迹。《太极拳谱》中的《十三势说略》有云："勿使有缺陷处，勿使有凹凸处，勿使有断续处。"[1]太极拳动作处处以圆弧出现，圆成为其区别于其他拳术的重要特点之一。圆作为世间最完美的图形，与刚直相比，体现了一种柔美，即太极柔性拳种的外在昭示；还具有"四两拨千斤"，以圆化解千钧来势的意味，正所谓"行气如九曲珠，无微不到"。古希腊数学家毕达哥拉斯认为："一切平面图形中，最美的是圆形。"圆是"一"的延伸与回归，可大到无外，小到无内。只有圆，占领最少、容量最大、轨迹最长、运转最活、定心最稳、平衡最好。太极拳的圆其实不仅仅是平面之圆，更是一个三维立体之圆。因为人处于三维空间中，追求圆的太极拳动作必然要求人体矢状轴、额状轴、垂直轴都以圆或弧的状态呈现。这也是我们形容太极拳动作为"抱球"的原因所在。在行拳过程中，处处走弧，时时有圆，自然就会呈现一个立体的太极"球"。太极拳无处不是太极圈子，故力未有不能化也[2]。太极拳之圆既有蕴含于拳理中的智性之圆，又有外显于技法中的动态之圆。

（一）拳理之圆

杨成寅认为，"太极"在《易传》中的原意，可能就是指《周易》本经中的阴阳未分的一条线，这一条线合拢来成圆形，表示天地万物的初始状态和统一本质[3]。这种蕴含"圆"的太极哲理融贯儒、道、释三家精义而形成无极图说，发展到宋、明两代，由理学家周敦颐等人演化为太极图说。创始于同期的太极拳深受其影响，古典拳论中可以见到采用双鱼太极图来阐述拳理的注释，如"太极者，无极而生，动静之机，阴阳之母也"[4]。太极图的其外一圈表示"无极"，意指天地未开、阴阳未分的茫茫宇宙，体现在太极拳中意指蕴含阴阳变化的拳势未始之时，彰显了太极拳的基本特征——圆。陈鑫在《古太极图》中指出："黑白多寡，即阴阳之消长，……

---

[1] 王宗岳，等. 太极拳谱[M]. 沈寿，点校考译. 2版. 北京：人民体育出版社，1995：49.
[2] 于化行. 太极拳全书[M]. 太原：山西科学技术出版社，2008：18.
[3] 杨成寅. 太极哲学[M]. 上海：学林出版社，2003：31.
[4] 王宗岳，等. 太极拳谱[M]. 沈寿，点校考译. 2版. 北京：人民体育出版社，1995：24.

其实阴阳之微至著，循环无端，即其生生之机也。"[1]总之，太极拳中贯穿各种螺旋缠丝和环形开合的动作，其实就是不同方向、不同方位运动的太极图。一动一静都符合阴阳太极图之法象，一开一合都是缠丝混元圈。时而画平圆太极图，时而画立圆太极图，时而画螺旋开合太极图，时而正画，时而斜画，处处都是太极图。

（二）技理之圆

无始无端的阴阳消长之变化融入太极拳的技理中，表现为姿势与动作的螺旋缠绕，路线与方向的弧形圆转。因此，太极拳中的"圆"可以归纳为3层含义。第一，它是姿势层面上的"圆"，即"裆撑圆，虚虚合住"[2]，"虎口略圆，手心略内含，如抓抱一圆球之状"[3]，"脊背要圆，胸脯要圆，虎口要圆。胳膊似弓如月圆，手腕外顶如月牙，腿膝连弯如月牙"[4]。这就要求手型、步型等基本动作和运动中的定势动作均呈现圆弧姿态，即"曲中求直"。例如，侧掌动作从小指外沿直到腕骨要形成外弧线，大拇指下掌根与腕骨相接处呈小半规形[5]。第二，它是动作行走中的"圆"，"出腿走弧线，划圆圈；由内及外，动作弧形"[6]。此处的"圆"意指太极拳动作路线以弧线为主。这样的运动方式可以在保持主动肌、拮抗肌屈、伸平衡的同时，在动态中尽最大可能同时完成肌肉的收缩、伸展和弹性能力的训练[7]。此外，弧形的路线，为动作中由柔变刚、由刚转柔的变化提供了便利条件。第三，它是由太极拳缠法而形成的"圆"。正所谓"太极拳，缠法也。缠法如螺丝形运于肌肤之上"[8]。由缠丝而形成的"圆"是陈式太极拳的主要技法特征之一，包含以掤劲、捋劲为主的顺缠丝和逆缠丝两种基

---

[1] 陈鑫. 古太极图[M]//王军. 论太极拳中的"圆"[D]. 济南：山东师范大学，2007：1.
[2] 人民体育出版社. 太极拳全书[M]. 北京：人民体育出版社，1988：290.
[3] 人民体育出版社. 太极拳全书[M]. 北京：人民体育出版社，1988：659.
[4] 赵增福. 中国赵堡太极[M]. 西安：兴界图书出版公司，1997：287.
[5] 徐震. 太极拳理与练法 定式太极拳 简式太极拳 意气功[M]. 太原：山西科学技术出版社，2006：14.
[6] 唐豪，顾留馨. 太极拳研究[M]. 3版. 北京：人民体育出版社，1996：49.
[7] 杨锡让. 实用运动生理学（修订本）[M]. 北京：北京体育大学出版社，2003：89.
[8] 王宗岳，等. 太极拳谱[M]. 沈寿，点校考译. 2版. 北京：人民体育出版社，1995：324.

本缠丝和由上下、左右、里外、大小、进退等组成的方位缠丝，并且遵循由大圈而小圈、由小圈收至无圈的以内劲统御动作的练功原则。

五、稳

在太极拳锻炼中，稳是一个重心问题，是行拳过程中立身中正、虚实分明、气沉丹田的显现，是动作运转、身体定势状态的外在表现。太极拳的稳指稳固、平稳之意。它一指稳固，下盘稳如磐石，人莫能移；二指平稳，太极拳犹如长江流水，后浪推前浪，并且是微波涟涟、连续不断；三指稳住心神，一招一式认真仔细、专心致志，不因外扰而心慌意乱。从形的角度来看，显于外的稳是太极拳练习者身体调控能力良好的表现；从意的角度来看，稳是一种心态，是长时间太极拳练习后表现出来的不急不躁、从容淡定。这也正是太极拳修身养性的价值体现。

（一）形炼之稳

《太极拳谱》中的《太极拳论》有云："虚领顶劲，气沉丹田，不偏不倚。"[1]《太极拳谱》中的《十三势歌》亦说："尾闾中正神贯顶。"[2]太极拳锻炼中最忌前俯后仰、弯腰屈背，即使要求身体适当前倾的吴式太极拳也并不弯腰，而是从肩到脚保持一条斜形的垂直。因此，"立身须中正安舒，支撑八面"就是太极拳重要的身法之一，也是稳的基础和条件。虚领顶劲、尾闾正中是"上下一条线"的外形中正的显现；含胸拔背、气沉丹田则是气不上浮、重心稳定的保障。

太极拳练法之虚实，贯穿前进、后退、左旋、右转，如举足为虚，落足为实；向左则右虚，向右则左虚；前进则后虚，后退则前虚[3]。下肢的虚实转换是动作平稳舒展、中正不偏、重心稳定的关键。在动作转换过程中，由于方向、角度的变化和上下左右协调性不易一致，难免出现重心的不稳定，这就需要通过步法的转换来调整重心，使其趋于稳定。松腰活裆

---

[1] 王宗岳，等. 太极拳谱[M]. 沈寿，点校考译. 2版. 北京：人民体育出版社，1995：25.
[2] 王宗岳，等. 太极拳谱[M]. 沈寿，点校考译. 2版. 北京：人民体育出版社，1995：34.
[3] 陈子明. 陈氏世传太极拳术 太极拳精义[M]. 太原：山西科学技术出版社，2008：20.

可以使步随身换，下肢圆转自如地完成虚实转换。

（二）养性之稳

太极拳的稳还表现在修身养性上。练习太极拳能够修身养性、陶冶情操，这已然达成共识。从太极拳的角度来看，修与养本身就是功夫，修指修行、修炼，养指炼养、涵养、养育。因此，修、养二字就可理解为修持炼养之意。太极拳潜移默化地修养着人的道德与素质，涵养着人的心态与性格，最终外化为游刃有余、淡定从容。在太极拳练习过程中，立身中正、不偏不倚、有规有矩等要求，实际上就潜藏着生活的大智慧。可以说，太极拳既有武学的思想，又有哲学的内涵。练习者正是在行拳走架中修炼着身心，感受着太极拳的博大与精深，从而对中国文化产生心灵共鸣与认同，对大自然、对生命万物产生敬畏与感恩，从而渐及定慧双修。练习太极拳，能够让人心神舒静，将天下静寂藏于心中，以最平和的心态等待着一套拳的开启，以最安宁的心灵宠辱不惊，看庭前花开花落；去留无意，望天空云卷云舒。

六、静

形动而神静，这是中国传统养生文化的特有理念，与现代体育"生命在于运动"相比，这一理念彰显了中国传统的"天人合一"整体观思想，它不仅关注人的有形之体，还重视人的心神炼养。早在老庄时代，心神的修炼是养生的核心。到了唐代，我国传统养生观念中更是将"静心"作为"三戒"之一予以推崇，心灵的虚静被看作一种重要的养生方式。太极拳又被称为"意拳"，它的理论思想和技术方法中也涉及关于"心静"的要求，如"身虽动心贵静，如心一静全身静"[1]，"心情要静，动中求静"[2]。静与动互为阴阳，对立统一。但静与动相比，更难操作，并且绝对静几乎不存在。当静到极致之时，又恰恰是动的开始。因此，古人在练功过程中，

---

[1] 杨澄甫. 杨澄甫武学辑注——太极拳使用法[M]. 邵奇青, 校注. 北京：北京科学技术出版社，2016：94.
[2] 孙福全. 太极拳学[M]. 北京：中华书局印刷所，1990：12.

往往通过"以一念代万念"的方式炼静。在太极拳练习中，可以理解"岂知我心，只守一敬"的心无旁骛，专于动作。摒除杂念，精神集中地修炼静的手段和方法，在此姑且称其为用意之静。在这个静的基础上，太极拳练习还可以上升到"无形无象（忘其有己）全体透空（内外如一），水清河净（心死神活）"的无我境界，将其称为无意之静。

（一）用意之静

拳谚云"内功首重用意"，太极拳作为内功拳的一种，十分强调用意。《太极拳体用全诀》开篇名义："太极拳术重用意。"[1]各派太极拳家都对太极拳的用意特征予以详解，如"刻刻留意，方有所得"[2]，"转变虚实须留意"[3]，"意之所向，全神贯注"[4]，"以意将两肩松开……何时意动，何时手到"[5]，等。太极拳的以上种种用意，实际上都是人在有意地控制和操作着自己的思想或者思维，其终极目的就在于将形与神融为一体，达到形神整体运转，继而渐及内外兼修。由此可见，在太极拳拳理中的意是"收拾全副精神只在一处"追求"静"，等同于传统气功中存想、意守等意念修炼方法，同样能够达到"以一念代万念"的效果。也可以说，在太极拳练习过程中，将意念专注于技术动作，从而达到"心定而后静，静而后神安"[6]。

（二）无意之静

《黄帝内经·素问·上古天真论》指出："恬淡虚无，真气从之，精神内守，病安从来？"其中的"恬淡虚无"是预防疾病、保持健康状态的关键。这4个字实际上也暗示了心静的4个层次，即恬、淡、虚、无，前两个层次是一种有意控制的静，需要用心、用意去调整；而后两个层次的静已经进入一种无意状态，即无需意念调控。就养生而言，这是一种渐及回

---

[1] 沈寿. 沈寿·太极拳文集[M]. 北京：人民体育出版社，2005：34.
[2] 王宗岳，等. 太极拳谱[M]. 沈寿，点校考译. 2版. 北京：人民体育出版社，1995：44.
[3] 王宗岳，等. 太极拳谱[M]. 沈寿，点校考译. 2版. 北京：人民体育出版社，1995：34.
[4] 王宗岳，等. 太极拳谱[M]. 沈寿，点校考译. 2版. 北京：人民体育出版社，1995：310.
[5] 人民体育出版社. 太极拳全书[M]. 北京：人民体育出版社，1988：574.
[6] 吴公藻. 太极拳讲义[M]. 上海：上海书店，1985：27.

归或已然回归自然的状态；就太极拳而言，无意之静是动作完全达到自动化，从有意有为进入无意无为的更高层次的静，是太极拳意炼的较高层次。此时的锻炼者身体内外，形与意出现同步化，无须用意，心脑清静，真正进入"一动无有不动，一静无有不静"的行功走架与劲力发放的自如阶段[①]。此时的心静是"以灵虚之心，养刚中之气"[②]的静，是超越了太极拳动静阴阳变化的有形之静的静，是心灵达到清淡、幽远、辽阔，波澜不惊的静，它可以使人回归自然状态，是太极拳修身养性的更高追求。

七、连

《太极拳谱》有云："周身节节贯串，勿令丝毫间断"[③]，"周身俱要相随"[④]。动作上的连贯是"心意与形体动作协调一致，方能内外相合为一"的基础[⑤]，是太极拳"一动无有不动，一静无有不静"的基础[⑥]，更是运发太极拳"整劲"的重要环节。意念上的连则为势势之间、一动之中的劲力完整提供了引导。因此，本研究认为太极拳中的"连"既包括外形之连，也泛指意念之连。

（一）形体之连

从上动与下动的关系来看，太极拳之连意指势与势之间的承接转换；从每个动作的关节肌肉运动特点来看，则分为节节贯穿之连和上下相随之连。所谓节节贯穿之连主要指太极拳劲力之传导。也就是说，太极拳和其他武术拳种一样，足是其劲力发放的基点，正所谓"其根在脚，发于腿，主宰于腰，形于手指"[⑦]。由足而发之力，经过腿、腰、胸、上肢等的身体不同部位的动作传递到达手指。在这个过程中，节节贯穿，勿断劲就成

---

① 王宗岳，等．太极拳谱·太极拳解[M]．沈寿，点校考译．2版．北京：人民体育出版社，1995：44．
② 人民体育出版社．太极拳全书[M]．北京：人民体育出版社，1988：264．
③ 王宗岳，等．太极拳谱[M]．沈寿，点校考译．2版．北京：人民体育出版社，1995：50．
④ 王宗岳，等．太极拳谱[M]．沈寿，点校考译．2版．北京：人民体育出版社，1995：65．
⑤ 人民体育出版社．太极拳全书[M]．北京：人民体育出版社，1988：659．
⑥ 王宗岳，等．太极拳谱[M]．沈寿，点校考译．2版．北京：人民体育出版社，1995：95．
⑦ 王宗岳，等．太极拳谱[M]．沈寿，点校考译．2版．北京：人民体育出版社，1995：49．

为劲力顺达、力量全部传递的重要保障。唯有如此，才能达到"周身无有缺陷，动则俱动"的技击效果。这种实战中劲力顺达的需要，体现在套路技术中就是太极拳行云流水般连绵不断的形体展现。上下相随之连指"以手领肘，以肘领肩，以足领膝，以膝领大股……上下手足各相随……上面手如何运，下体足如何运……足随手尤其紧要……中间胸腹随手足运"的连贯统一[①]，在技法上协调了上下肢体的运动，体现了手与足合、肘与膝合、肩与胯合的上下相随、完整连贯的运动特点。

太极拳形体上无论是节节贯穿之连还是上下相随之连，关键都在腰。拳论一再强调"腰为主宰""刻刻留心在腰间""命意源头在腰隙""紧要处全在胸中腰间运化"等。腰是身体上下转动的关键，对动作的变化、重心的调整，以及劲力的推动都起着主要作用。初练太极拳者常出现低头、弯腰、撅臀等错误动作。低头是因为练习者实顶、顶偏，或左右歪斜、摇头晃脑。弯腰、撅臀则是因为腰脊不能节节放松，用劲过大而挺直，或软弱无力，达不到"主自穹于腰"的要求。胯不沉，腰不松，导致躯干与下肢连接出现阻滞，从而造成上述问题。解决这一问题的关键是敛臀收腹，所谓敛臀就是在放松的情况下，臀部肌肉向外向下舒展，然后向前、向内收敛，好似用臀部肌肉将骨盆包裹起来，又似用臀部稳稳托起小腹，此时腹部放松微微向内收。同时，尾闾骨向前微收。当臀部能够达到松垂内敛时，胯就处于松沉的状态。腰随着胯的松沉而变得轻灵、放松，从而起到连接上下的中轴作用。

（二）意念之连

太极拳的连不仅仅局限于动作和劲力的绵绵不断，更是"神气贯串，绝不间断"[②]的意气之连。正所谓"外形势似停，而内中之气不停"[③]。意不中断，动作自然就不中断。因此，意连实际上就是太极拳的炼意过程。所谓炼意，实际上就是修炼和运用意念。意念能支配身体运动，意念是动

---

① 人民体育出版社. 太极拳全书[M]. 北京：人民体育出版社，1988：264.
② 人民体育出版社. 太极拳全书[M]. 北京：人民体育出版社，1988：269.
③ 孙福全. 太极拳学[M]. 北京：中华书局印刷所，1936：8.

作的先导。只有意念连绵不断，动作才能连整顺达。太极拳不仅是肢体运动，更是心理运动。正所谓"先在心，后在身""始而意动，继而劲动""凡此皆是意，不在外面""势势存心揆用意"……从这些论述中，足见意念之连也是太极拳修炼的重要组成部分。只有炼好意，才能发挥"心为帅"的作用，从而达到势势相承、连绵不断的效果。

八、整

太极拳与其他武术拳种一样，秉承着中国整体观思想，重视形神兼备、内外兼修。因此，整既是太极拳作为武术拳种之一所共有的特征，又是其区别于现代体育的核心要素。首先，太极拳的整表现在形体动作上，是"自顶至足，内有脏腑筋骨，外有肌肤皮肉，四肢百骸相联而为一者"[1]的运动。这里表达了太极拳两个层面的整：第一个层面是关节肌肉的连贯完整，与连十分类似；第二个层面说明了在太极拳练习中，外在的形体与内在的五脏六腑之间具有统一性。其次，太极拳的整表达了形、意、气俱养之意，即在练习过程中，形与神、气与意、形与气两两相合，或者三者合而为一。太极拳两个层次上的整表现在技术动作上，可以归纳为心与意合、气与力合、筋与骨合、手与足合、肘与膝合、肩与胯合。在这样的技术要求下，太极拳练习者追求并践行着太极拳整的要素。综上，可以概括为太极拳的整是肢体与脏腑、形体与意气的完整统一。

（一）技法之整

太极拳是一项整体性运动，它的整体性在技法方面表现为动作的外在调控与内在调控同时存在。所谓外在调控是指显而易见的肢体运动，如野马分鬃的进步动作、手臂前掤动作等；而所谓内在调控是指运动时肢体内部的感觉及关系的操作[2]，如沉肩坠肘、虚领顶劲等，这样的操控练习者自身知晓，但不易为外人所察觉。根据太极拳的技法要求，外在调控动作必须与内在调控动作协调完成。以野马分鬃动作为例，如果练习者在进步

---

[1] 人民体育出版社. 太极拳全书[M]. 北京：人民体育出版社，1988：265.
[2] 刘天君，章文春. 中医气功学[M]. 4版. 北京：中国中医药出版社，2016：66-68.

的同时没有敛臀收腹，在手臂前掤时丢掉了沉肩坠肘，此时的太极拳就只有外在调控动作，而缺失了身体的内在调控。只有存在外在调控动作时，太极拳与体操、健美操等表现身体姿态的体育项目相比，只剩下了相对缓慢的技术特点。但实际上，太极拳的松柔、圆活更需要通过内在调控动作来表现。因为只有在敛臀收腹的状态下，才能够落胯松髋，保证腰部的灵活性，从而达到松柔圆活的表现形式，所以每个太极拳动作都离不开身体的内在调控，这种调控贯穿整个练习过程，始终伴随外在动作的变化。这是太极拳特有的技法特征，更是单纯从形体动作角度出发，太极拳与其他体育项目的区别所在。可见，仅从肢体动作的视角出发，如果说太极拳外在调控动作是"表"，那么内在调控动作就是"里"，表里一致，协同完成是太极拳独有的技法，是太极拳拳理的"灵魂"，是太极拳技法的"精髓"。

（二）身心之整

太极拳的整体性除表现在外在调控与内在调控协调一致外，其身心一统更是贯穿整个练习过程。内外相合、形神兼修是所有武术拳种的标准。有修身养性之效的太极拳更加重视身心一统，即在练习过程中，时时处处强调意念与形体动作的密切配合。时时用意，刻刻留心。初学者将意念放在动作上，用心感受太极拳内在调控时的细微身体变化，感悟太极拳的独特技法要求，从而达到"以一念代万念"，潜心于动作体悟中。有了一定基础的高阶练习者，动作已然自动化，周身放松，会产生不同程度的气感。此时，在气感的勾连下，身与心自然达到统一协调的状态，即身与心统合之整。

第三节　健身要素的整体涌现性——健身效益

"涌现"概念基于"整体"概念，是系统科学中一个极其重要的概念，最早由贝塔朗菲引入系统科学。贝塔朗菲区分了两类整体——加和性整体与非加和性整体,指明系统科学研究的是具备涌现性的非加和性整体[①]。他借用亚里士多德的"整体大于部分之和"来直观地表述整体涌现性。所谓整体涌现性,即元素组成的整体所具备的新性质,这些性质是原单个元素所不具备的。系统是一切事物的存在方式之一。因此,对任何事物,小到细胞,大到社会,都可以用系统观点来考察。运用整体涌现性原理考察事物,不仅要了解部分,还要了解部分之间的关系,因为系统整体的性质是由各组成部分相互作用、相互激发而涌现出来的[②]。

缓、松、柔、圆、稳、静、连、整8个太极拳健身要素具有自身的性质和作用。当各要素间相互组合、共同作用时,就会产生促进人体身心健康的良好效果,即健身效益,它是单个要素或要素的线性总和所没有的特性,就是健身要素之间相互作用而产生的整体涌现性。苗东升认为,系统的整体涌现性并不神秘,它们归根结底源于4种效应:组分效应、规模效应、结构效应和环境效应[③]。遵循整体涌现性理论,太极拳的健身效益即来自要素的特性、要素之间的组织结构及与要素相关联的事物的影响等。本节主要从组分效应、结构效应、环境效应和规模效应4个方面来探讨健身要素的整体涌现性,也就是健身效益产生的根源。

一、组分效应

组分也被称为要素,它是系统存在的基础和前提。系统通过整体作用支配和控制要素,要素通过相互作用决定系统的特性和功能。组分效应也称为构材效应。组分的特点、基质、长处和短处等是造就系统整体特性的实在基础,它是涌现论的唯物主义根基。整体涌现特性受到组分特性的规定或制约,并非任意选取的组分都可以造就具有特定整体涌现性的系统[④]。

本研究经过论证,精选出缓、松、柔、圆、稳、静、连、整8个太极

---

① 苗东升. 钱学森系统科学思想研究[M]. 北京:科学出版社,2012:53.
② 苗东升. 系统科学大学讲稿[M]. 北京:中国人民大学出版社,2007:20.
③ 苗东升. 系统科学大学讲稿[M]. 北京:中国人民大学出版社,2007:21-22.
④ 苗东升. 论系统思维(六):重在把握系统的整体涌现性[J]. 系统科学学报,2006,14(1):1-5,81.

拳健身要素，它们可能就是决定太极拳产生健身效益的组分。组分效应主要来源于健身要素的多元性与异质性。首先，太极拳的健身要素大多需要从形、意、气两个或3个层面上来完成和实现，如"松"，不仅是形体的放松，还是精神与意念的放松；其次，健身要素包含不同动作形式上的要求，如"圆"，既有身型、手型之圆，又有行功走架之中的圆弧，同时还包含螺旋缠绕之圆；再次，在不同技术层次和水平上，锻炼者对健身要素的理解和掌握程度有所差异，如同样是"连"，初学者只能从个别2~3个关节的连贯方面入手，很难达到上下相随之连，中级水平的锻炼者虽然对形体之连有所掌控，但是可能无法协调意气之连。

可见，组分效应的实现有赖于每个健身要素的贡献程度。也就是说，在单一层面（动作形式或技术水平）上实现健身要素与多个层面（动作形式或技术水平）上同时完成健身要素会产生不同的组分效应，不同的组分效应将会导致不同的整体涌现性。因此，只有充分发挥健身要素的特质性，让每个组分都发挥积极的作用，才会全面实现太极拳的健身效益。这不仅有赖于锻炼者的自身资质、锻炼年限等，还有赖于锻炼者对健身要素的整合与组织。围绕健身要素创编动作，就是在尝试对组分进行全新的整合，使健身要素的特质能够以较快的速度在较短的时间内发挥自身的效益，继而实现太极拳健身要素的整体涌现性——健身效益。

二、结构效应

相同的组分，按照不同的结构方式相互作用，可以组成不同的系统；每个组分或者要素都合理，如果结构不合理，就会组成不好的系统；反之亦然。组分的材料、基质、特性是产生整体涌现性的实在基础，但这仅仅提供了产生整体涌现性的客观可能性，只有使不同组分相互作用、相互制约、相互激发、相互补充，才能把可能性变为现实性[1]。在组分一定的情况下，采用不同的结构方式，将会产生不同的整体涌现性，这就是结构效应。

---

① 苗东升.论系统思维（六）：重在把握系统的整体涌现性[J].系统科学学报，2006，14（1）：1-5，81.

太极拳健身要素之间具有相互依存的关系，只有每个组分都与其他组分共同作用，才能充分发挥效力。从整体上来说，慢练会带来松柔，松促进静，进而形成动作的圆与稳，然后影响到形体动作，乃至形、意、气之连整，而连整又能起到进一步促进松柔的作用，从而实现太极拳技术水平的提高，推动太极拳健身效益的提升。这是一种闭环关系，任何一个环节的优劣都将影响下一环节，甚至整个环状结构，从而促进或阻滞结构效应的发挥。这是理想状态下的一个推论。实际上，各健身要素在发展过程中，未必呈现这种均衡且有序的演进，更多情况下可能表现为某几个要素的突前或同步发展。例如，松与柔总是相关联的，姿势的圆既是身体放松的一种表现，可能又会促进关节肌肉的进一步放松。因此，如果能够在充分掌握这些健身要素的内部规律的情况下，根据锻炼主体的自身特点（体质、学龄、年龄等），将一些关联度较大的健身要素予以突出，将会较快地激活整个环状结构，产生健身要素的整体涌现性。

三、环境效应

系统之外一切同系统有关联的事物的总和，称为系统的外部环境，简称环境[①]。系统从环境中获取资源和条件，环境对系统施加约束和限制。系统的整体涌现性总是带有环境的深刻烙印。系统在与环境的相互作用中获取资源，开拓生存空间，形成边界，建立同环境交换物质、信息和能量的渠道与方式，适应环境的限制和约束，提高抗干扰能力。

太极拳健身要素的实施与参与主体是人，因此，它的外环境既包括人自身的主客观因素，如体质状况、学龄层次、锻炼目的等，也包含与人有关的外部因素，如锻炼环境、生活习惯等。这些因素将对健身要素的实施产生深刻的影响，表现为一方面可能为健身效益的实现提供保障，另一方面可能会限制健身效益的实现程度。本研究在太极拳健康测试过程中发现，在锻炼年限、锻炼频度、锻炼指导一致的情况下，不同的人获得的健康收益却有所差异，综合来看，主要有以下几个方面的原因：第一，锻炼者自

---

① 苗东升. 系统科学大学讲稿[M]. 北京：中国人民大学出版社，2007：44.

身体质的差异；第二，锻炼者生活习惯的差异；第三，锻炼者练习态度的差异。

此外，从健身的自然环境来看，我国古代就有四时调摄的养生要求，即根据一年四季的变化规律进行调摄养生。但是，目前参加太极拳锻炼的中老年人不仅不遵守这样细致的养生要求，甚至有一些人不懂得合理安排锻炼的时段。例如，清晨起来就去锻炼等，可能会对太极拳健身效果的实现产生一定的负面影响，甚至会出现疾病突发等状况。这些引发了我们深刻的思考，太极拳可以为健康带来毋庸置疑的益处，但结合目前中老年人的锻炼现状，是否所有人都能够全面收获太极拳的健身效益呢？答案是否定的。因此，除了需要考虑太极拳的健身要素本身，还要关注那些影响健身要素发挥作用的外在环境因素。这就要求在为中老年人提供健身指导的同时，也要引导他们形成良好的生活方式，提供适宜的锻炼环境和合理的锻炼时段建议等。

四、规模效应

规模首先是指系统组分的多少，如机器的零部件等；也指所占用的空间大小，如国家的版图等；还指过程的长短、久暂等。凡是系统都有规模。不同的规模可能会对系统的属性和行为产生不可忽视的影响。系统整体涌现性的发挥还有赖于一定数量的组分，组分的多少代表系统的规模，由此所产生的系统的差异称为规模效应。当然，规模是形成系统的必要条件，没有足够的规模就无法实现所需的整体涌现性。然而，规模足够大并不一定能够自动产生预期的整体涌现性。

太极拳健身效益的涌现程度受到健身要素规模效益的影响。从健身要素自身特点来看，每个健身要素都可能对人体机能产生不同的影响，如"静"有助于锻炼者意识的参与，可以缓解精神和心理方面的压力；从锻炼者对健身要素的把握程度来看，同一个健身要素作用在不同的锻炼者身上会产生不同的健身效益，如"松"，仅能达到肢体放松的锻炼者，能够通过气血的畅通实现疏通经络、减少血液流动障碍的目的，而肢体与意念的共同放松可以对锻炼者的心理产生积极的影响。可见，健身要素的规模效应是一个动态发展的变化过程，随着组分参与数量和质量的变化，会产生不同的规模效益。理想的状态是，缓、松、柔、圆、稳、静、连、整等健身要素的特质都能够得以彰显，从而使规模效益呈现最大化。但实际上，受到锻炼年限、学习方式及锻炼者资质等因素的影响，锻炼者可能无法把握所有的健身要素，从而导致健身效益的非完全性涌现。因此，同样是参加太极拳锻炼，如果锻炼者只是缓慢地划拳，没有体悟到太极拳其他的健身要素，只是流于慢性体操，太极拳的健身效益将大打折扣。现在的太极拳锻炼者，由于缺乏系统科学的指导，许多人只是照猫画虎地学习与练习，对健身要素的理解程度存在差异，在初学者身上这种问题尤为突出。对此，持之以恒地锻炼是解决问题的一个重要途径。更重要的是拆解复杂的健身要素，从不同的要素入手，逐个领会，然后合而为一。由此，锻炼者将更加方便快捷地掌握太极拳的精髓内容。也就是说，随着健身要素有效数量的增多，规模效益增大，从而促进健身效益的整体涌现。

第五章 太极拳健身价值的科学解读

本研究首先从哲学、中医学、养生学的角度详细阐述太极拳的健身价值，其次从解剖学和生理学视角对太极拳的形、意、息进行科学解读，以期完善太极拳的现代医学理论，为太极拳养生保健，以及对慢性疾病的防治提供理论参考。

第一节　太极拳形炼的科学解读

太极拳的"迈步如猫行""肌肤骨节，处处开张""一动无有不动"等技术要领需要练习者时时处处把控形体动作。在这个过程中，包括上步、旋臂、转腰、起落、开合等外在动作。同时，还需要练习者调控肢体内部的感觉与关系，如虚领顶劲、沉肩坠肘、含胸拔背、敛臀收腹、圆裆开胯等。此类形体调控由于以肢体内部感觉和关系为主，外在形体动作幅度小，不易为人察觉，一般称其为内在调控。这是太极拳等传统运动功法特有的形体调控方式，在调控过程中涉及肌肉间的协调控制，以及骨关节的细微变化等。

人体的运动系统由骨、骨连结和骨骼肌组成，是人体运动的执行者。在人体各种机械运动中，具有稳定性运动与灵活性运动两种运动类型。稳定性运动是指位于躯干深层的小肌群协同收缩，以维持骨关节静态稳定性为目的的运动。灵活性运动是指位于人体四肢的大肌群协同收缩，以产生关节活动为目的的运动。太极拳外在调控动作属于灵活性动作，而内在调控动作则更多地起到稳定性的作用。在太极拳练习过程中，颈、胸、腰的深层小肌群使躯干保持稳定，四肢的大肌群使肢体运动灵活，内在调控与外在调控动作同步进行，从而形成了浑然一体的"整劲"，表现为"其根在脚，发于腿，主宰在腰，形于手指"[①]，"步如猫行，上下相随……变换在

[①] 王宗岳，等. 太极拳谱[M]. 沈寿，点校考译. 2版. 北京：人民体育出版社，1995：87.

腰，气行四肢……"①，"手足相随腰腿整"②。鉴于内在调控动作在太极拳技法中的重要性与特有性，本节将从解剖学视角深度剖析虚领顶劲、含胸拔背、敛臀收腹、沉肩坠肘、合膝裹裆等动作的骨关节运动特征，以及肌肉发力特点，为太极拳健身康复价值与效果提供科学解读。

一、对虚领顶劲的科学解读

虚领顶劲又称虚灵顶劲，语见于王宗岳的《太极拳论》。虚领顶劲是对头颈部姿势的要求，即头上顶，颈部保持放松。杨澄甫和陈微明云："顶劲者，头容正直，神贯于顶也。不可用力，用力则项强，气血不能流通，须有虚灵自然之意。非有虚灵顶劲，则精神不能提起也。"③虚领，即虚虚领起，徐致一注云："虚领者，谓当用虚灵之意（即不用力）自引其顶。"在练习过程中，虚领同时引顶的关键是下颌要保持微微内收状态。

图 5-1 展示了虚领顶劲动作时头颈部位的侧面。虚线表示正常放松状态时的头颈位置；①表示下颌微微内收的方向；②表示百会穴上顶的方向。

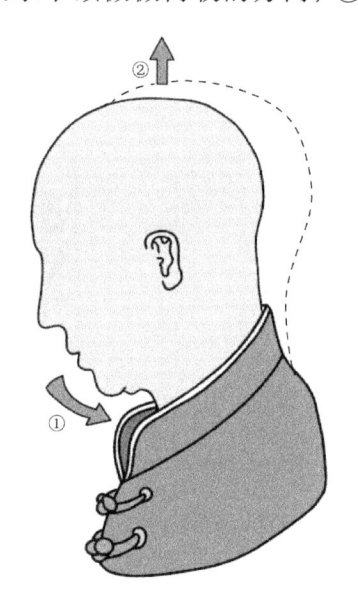

图 5-1 虚领顶劲动作时头颈部位的侧面

---

① 王宗岳，等. 太极拳谱[M]. 沈寿，点校考译. 2版. 北京：人民体育出版社，1995：102.
② 同①.
③ 杨澄甫，陈微明. 太极拳术十要[J]. 少林与太极，2009（3）：40.

（一）虚领顶劲动作的骨关节运动

完成虚领顶劲动作的骨关节结构主要涉及颈椎。7 块颈椎位于脊柱的最上方，与胸椎相延续。在整个脊柱中，颈椎的活动范围最大。在前、后、左、右 4 个方向上均可引导头部做近乎 90°的运动。如图 5-2 所示，颈椎由上①、下②两个节段组成，其解剖特征和功能各不相同。上段颈椎包括第 1 颈椎（寰椎）和第 2 颈椎（枢椎），两者互相连接后再通过一个具有三轴三自由度的关节复合体与枕骨相连，是颈椎旋转运动的主要骨性结构。虚领顶劲动作中颈椎处于微微屈曲状态。

图 5-3 展示了虚领顶劲动作的骨关节侧面观。当头颈部处于正常放松状态时，图中虚线为颈椎前凸的生理曲度。当完成虚领顶劲动作下颌处于微微内收状态时，以第 1 胸椎为轴心，颈椎在矢状面上做微微屈曲的动作，此时，下颌内收①颈椎前凸的曲度减小，百会穴自然在颅顶处上顶②。

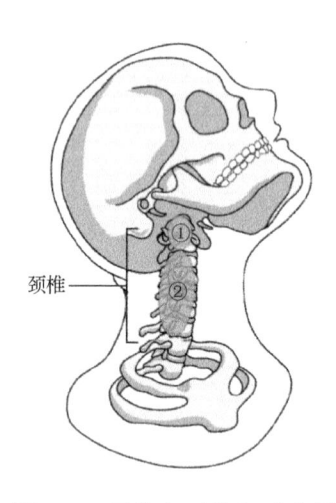

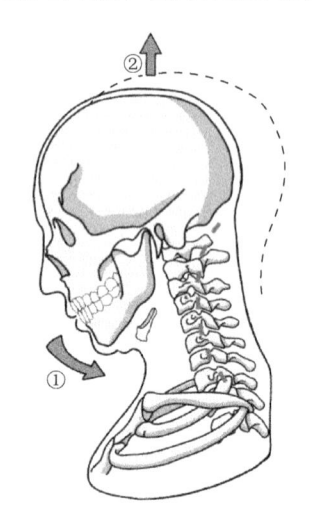

图 5-2　颈椎上下节段示意图　　图 5-3　虚领顶劲动作的骨关节侧面观

由于完成虚领顶劲动作时，几乎不发生颈部的旋转运动，所以寰枢关节不产生运动，只是枕骨在肌肉和韧带的牵拉作用下，在寰椎上微微向后滑动。下段颈椎从枢椎的下面延伸至第 1 胸椎的上面，下段颈椎之间的关节运动方式有两种，即屈伸（前后）运动和侧屈（左右）联合旋转运动，侧屈与旋转运动往往同步进行。完成虚领顶劲动作时，下段颈椎的上位椎体向后倾斜和滑动，完成下颈部的屈曲。颈椎上下节段在功能上相互补充，使下颌微微内收，颈椎相应微屈，颅顶百会穴向上，从而完成虚领顶劲动作。

（二）虚领顶劲动作的骨骼肌收缩

虚领顶劲是头颈部实现最佳稳定性的动作。头颈部的稳定是多块肌肉协同-拮抗作用的结果。如图5-4和图5-5所示，虚领顶劲动作涉及头颈两侧的颈长肌、枕骨下肌群，以及舌骨上下肌群、胸锁乳突肌。

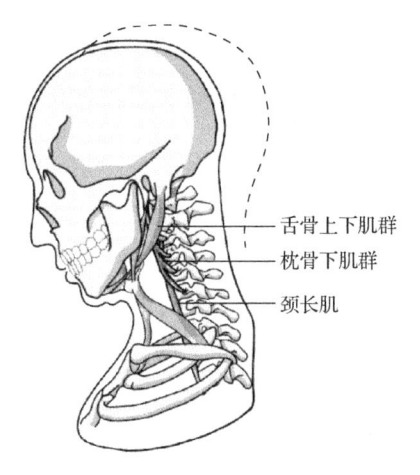

图 5-4 虚领顶劲肌肉运动图
（颈长肌、枕骨下肌群、舌骨上下肌群）

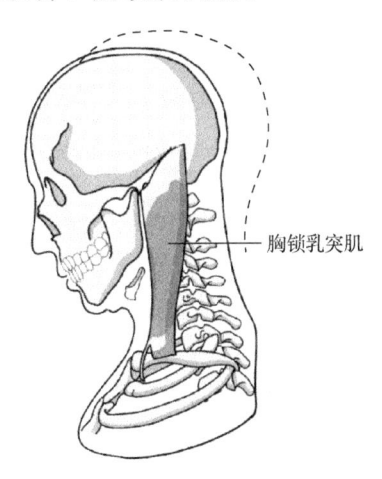

图 5-5 虚领顶劲肌肉运动图
（胸锁乳突肌）

颈长肌位于椎前肌群最深层，走行于从寰椎前弓到第3胸椎的脊柱前面，中线两侧的颈长肌覆盖于整个颈椎前面。完成虚领顶劲动作时，肌肉收缩使颈椎弧度变直，颈部屈曲。此时，颈长肌起到维持颈椎静态稳定的作用。

枕骨下肌群包括头长肌、头前直肌和头外侧直肌，这些肌肉属于颈椎上段肌肉，几乎完全覆盖颈长肌上部。完成虚领顶劲动作时，肌肉收缩下拉枕骨和上段颈椎，使头部和上颈部屈曲。此时，枕骨下肌群起到保持头部与颈椎间相对静态稳定的作用。

舌骨上下肌群包括下颌舌骨肌、二腹肌前腹、甲状舌骨肌、胸锁舌骨肌、胸骨舌骨肌和肩胛舌骨肌，这些肌肉围绕舌骨上下分布。完成虚领顶劲动作时，在咬牙闭口状态下，肌肉收缩下拉下颌骨，使下颌内收靠近颈椎，对于维持颈椎的静态稳定起到重要作用。

胸锁乳突肌位于颈部前外侧，起自胸骨柄前面和锁骨胸骨端，止于颞骨乳突。完成虚领顶劲动作时，椎前肌群收缩使颈椎挺直并保持固定，双侧胸锁乳突肌与上述肌群协同作用，使头颈部保持略前屈状态。

颈长肌、枕骨下肌群、舌骨上下肌群等颈部的深层小肌群与胸锁乳突肌形成协同-拮抗作用，使颈椎具有良好的静态稳定性。百会穴获得了来自颈部的稳定支撑力量，百会穴向上领起，从而达到头颈部稳定、时时处处"不丢顶"的太极拳技法要求。

二、含胸拔背的科学解读

含胸拔背，含者，内含也，含胸指肩胛向左右撑开，向前包裹于胸廓两侧；拔者，擢也，从根部抽离之意，拔背指脊背向上撑起。杨澄甫和陈微明提到"含胸者，胸略内涵，使气沉于丹田也。胸忌挺出，挺出则气拥胸际，上重下轻，脚跟易于浮起。拔背者，气贴于背也。能含胸则自能拔背，能拔背则能力由脊发，所向无敌也"[1]。在太极拳练习过程中，含胸拔背的关键环节在于不挺胸，并保持腹部内收，同时背向后靠，意想胸背贴墙。

图 5-6 展示了含胸拔背动作时胸背部位的背面观。①表示含胸时肩胛骨外撑的方向；虚线 A 表示正常放松状态时肩胛骨内侧缘的位置；虚线 B 表示含胸时的位置；②表示拔背时背脊上撑的方向。图 5-7 展示了含胸拔背动作时肩胛部位的侧面观。

---

[1] 杨澄甫，陈微明. 太极拳术十要[J]. 少林与太极，2009（3）：40.

图 5-6 含胸拔背动作时胸背部位的
背面观

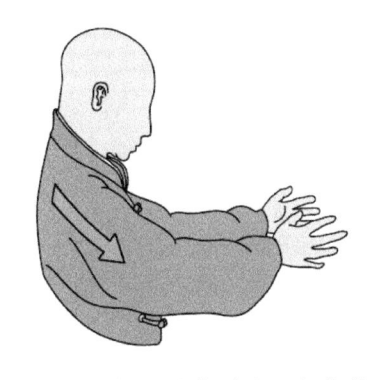

图 5-7 含胸拔背动作时肩胛部位的
侧面观

（一）含胸拔背动作的骨关节运动

完成含胸拔背动作的骨关节结构涉及胸廓、胸锁关节、肩锁关节、肩胛骨。胸廓是一个容积可变的腔隙，由 12 对肋骨连接椎体和胸骨而成，除呼吸作用外，胸廓使胸椎得以稳定支撑肩胛，从而连接上肢。相比挺胸呼吸时，含胸拔背动作中胸廓处于矢状径和横径较小的对称状态。胸锁关节由锁骨近端和胸骨构成，是上肢与躯干连接的唯一骨性关节，锁骨的运动可增强上肢运动的灵活性。含胸拔背动作中胸锁关节处于向前和向下状态。肩锁关节由锁骨远端与肩胛骨的肩峰构成，周围由韧带紧密连接，属于微动关节。肩胛骨位于胸廓的后外上方，连接上肢，是上肢运动稳定性的基础。含胸拔背动作中肩胛骨处于前伸和上回旋状态。

图 5-8 展示了含胸拔背动作时骨关节背面观；图 5-9 左右骨骼是含胸拔背动作时与正常放松状态时胸廓、锁骨、肩胛骨的简易对比图；在图 5-10 中，实线 A 为正常放松状态时锁骨水平横断面位置，实线 B 为含胸拔背动作时锁骨水平横断面位置。如图 5-9 中①所示，胸背部处于放松状态时，肩胛骨位于图中实线的位置。当完成含胸动作时，如图 5-8 中①所示，肩胛骨向外撑（前伸）远离脊柱达到图 5-9 中②的位置，并以胸锁关节为轴心，带动锁骨在水平面向前移动一定的角度，达到图 5-10 中③的位置。如图 5-8 中②所示，当完成拔背动作时，以骶尾部为轴心，胸椎沿垂直轴向

上伸展。

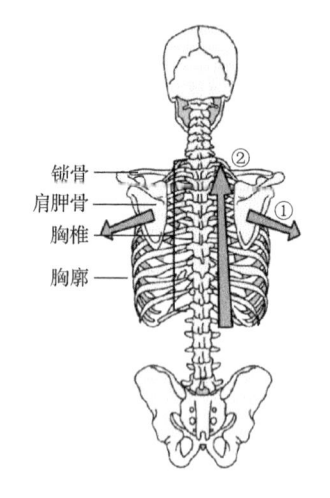

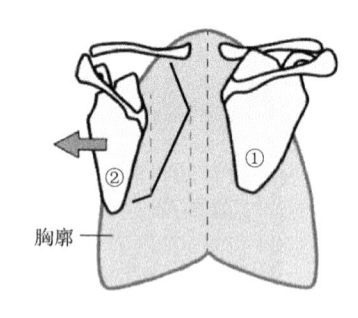

图 5-8　含胸拔背动作时骨关节背面观　　图 5-9　含胸拔背肩胛骨的额状面运动图

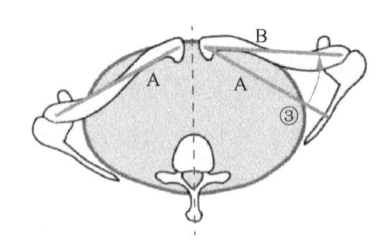

图 5-10　含胸拔背动作时肩胛骨的横断面运动图

胸廓具有一定的可变性，相比正常的放松状态，含胸动作时肩胛骨前伸，使胸廓后方的活动度增强。由于构成胸廓的肋骨与胸椎相连，含胸动作促使胸椎的活动度得到释放，从而为完成拔背动作提供空间结构基础。这就是杨澄甫所说"能含胸则自能拔背"的原因。

（二）含胸拔背动作的骨骼肌收缩

含胸拔背动作是胸背部的最佳稳定性动作，如图 5-11 和图 5-12 所示。含胸动作涉及的肌肉包括稳定肩胛的胸小肌、前锯肌，拔背动作涉及的肌肉包括稳定胸椎的多裂肌、夹肌、竖脊肌。

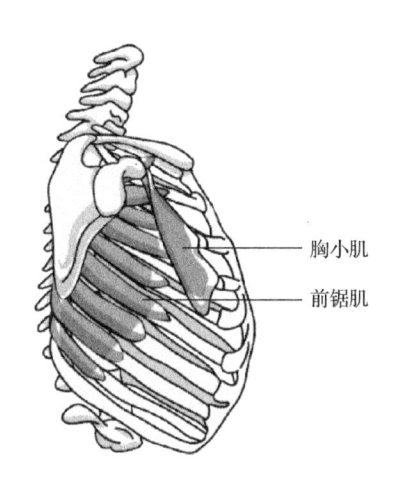

图 5-11　含胸拔背肌肉运动图　　　图 5-12　含胸拔背肌肉运动图
　　（胸小肌、前锯肌）　　　　　　　（多裂肌、夹肌、竖脊肌）

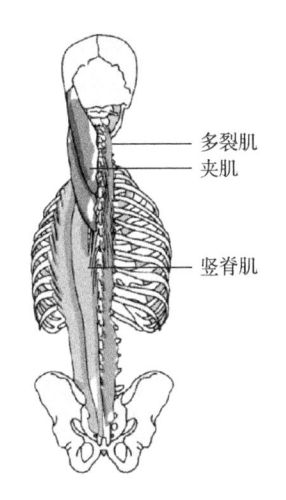

胸小肌位于胸大肌深面，呈三角形。它起自第 3～5 肋骨的前面，肌束向外后上方走行，止于肩胛骨喙突。完成含胸拔背动作时，胸小肌拉力方向指向前内下方，其旋转分力使肩胛骨前伸，通过肩胛骨的下降和下回旋作用，可完成沉肩动作。胸小肌同时参与了含胸和沉肩两个动作，对太极拳肩部运动起到重要作用。

前锯肌位于胸廓的外侧面浅层，前上部被胸大肌和胸小肌覆盖，为锯齿状的扁肌。它以数个肌齿起自上位 8 或 9 块肋骨的外侧面，止于肩胛骨内侧缘和下角的前面。完成含胸拔背动作时，上部肌束的收缩使肩胛骨前伸，下部肌束的收缩使肩胛骨下降，从而实现沉肩动作。前锯肌是上肢活动的重要稳定肌，它的收缩使肩胛骨紧贴胸廓。

多裂肌纵列于躯干背部深层，联络于椎体间的横突和关节突。它起自骶骨背面，腰、胸椎横突和第 4～7 颈椎关节突，止于第 5 腰椎至第 2 骶椎棘突。完成含胸拔背动作时，肌肉收缩使脊柱在头和骨盆之间沿垂直轴向上伸展，对于维持脊柱的静态稳定起到重要作用。

夹肌位于背部深层，位于斜方肌和菱形肌的深面，分布在上位胸椎和颈椎的两侧。它起自第 3～7 颈椎和第 1～6 胸椎的棘突，纤维向外上走行，止于第 1～3 颈椎横突和颞骨乳突。完成含胸拔背动作时，肌肉收缩使颈椎和胸椎上段沿垂直轴向上伸展，对于维持颈椎和胸椎上段的静态稳定起到重要作用，同时也是脊柱整劲发力的重要肌肉。

竖脊肌为背肌中最长、最大的肌肉，纵列于躯干背面，脊柱两侧的沟内，分为棘肌、最长肌和髂肋肌3部分。它起于骶骨背面、髂嵴后部、腰椎棘突和胸腰筋膜，止于颈椎和胸椎的棘突与横突、颞骨乳突和肋骨的肋角。完成含胸拔背动作时，肌肉收缩使脊柱在头和骨盆之间沿垂直轴向上伸展。竖脊肌既是维持脊柱稳定的重要肌肉，又是完成拔背动作的主要动力来源。

含胸动作时，胸小肌和前锯肌协同收缩，从喙突和内侧缘分别拉住肩胛骨，使肩胛骨前伸的同时将其牢牢地固定在胸廓上，从而为上肢运动提供稳定性基础，更有效地释放上肢的灵活性。含胸动作使胸椎活动度释放，激活了位于脊旁深层的多裂肌和夹肌，增强了脊柱尤其是胸椎的稳定性。拔背动作时，脊柱两侧深层肌群激活与竖脊肌协同收缩，产生强烈的肌肉收缩发力感，故而"能拔背则能力由脊发"。含胸拔背动作时，胸背部达到最佳的协调稳定状态。此外，由于肩胛骨前伸，限制了胸廓的上抬，呼吸时胸腔压力更多地向下传至膈肌，膈肌的收缩下沉促使腹压增高，激活核心区肌群，从而提高躯体的稳定性和肢体控制能力，有利于动作的展现与完成，达到"所向无敌"的状态。

三、敛臀收腹的科学解读

敛臀收腹，敛者，收也，藏也，敛臀指臀部稍作内收，尾闾向前微勾；收者，敛也，聚也，收腹指腹部微微收紧。在太极拳中又有"松腰敛臀"的说法，松腰指放松腰部。王宗岳等在《太极拳谱》中提出"命意源头在腰隙"和"尾闾中正神贯顶，满身轻利顶头悬"[1]的观点。杨澄甫和陈微明也指出"腰为一身之主宰，能松腰然后两足有力，下盘稳固。……，有不得力必于腰腿求之也"[2]。敛臀、收腹、松腰均是太极拳腰腹部位的调

---

[1] 王宗岳, 等. 太极拳谱[M]. 沈寿, 点校考译. 2版. 北京：人民体育出版社, 1995：34.
[2] 杨澄甫, 陈微明. 太极拳术十要[J]. 少林与太极, 2009（3）：40.

控动作。在太极拳练习过程中，敛臀收腹的关键环节在于敛臀时命门穴后撑，放松的腰部后靠，意想臀部如坐一把高椅，同时两胯放松。

图 5-13 展示了敛臀收腹动作时腰腹部位的侧面观。①表示敛臀时臀部内收骨盆后倾的方向；②表示收腹时腹部内收的方向；③表示腰椎、骶骨和尾骨曲度和位置的变化；虚线 A 表示正常放松状态时腰骶部的曲度和位置；虚线 B 表示敛臀收腹时腰骶部的曲度和位置。

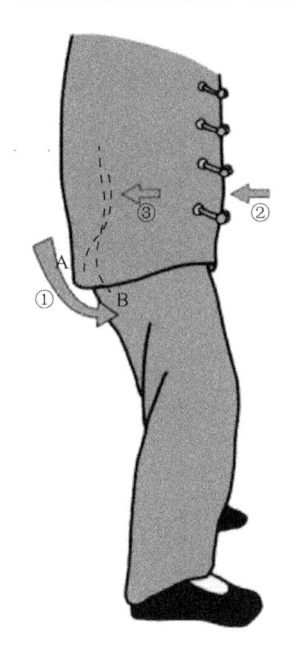

图 5-13 敛臀收腹动作时腰腹部位的侧面观

（一）敛臀收腹动作的骨关节运动

完成敛臀收腹动作的骨关节结构主要涉及腰椎和骨盆。5 块腰椎位于骶骨与胸椎之间，其椎体粗壮，可承接来自躯干上部的重量，传递至骨盆内的骶骨。敛臀收腹动作时腰椎处于微屈状态。骨盆由 2 块髋骨、1 块骶骨和 1 块尾骨构成。成人骶骨由 5 块骶椎融合而成，形状类似三角形，两侧与髋骨紧密相连，并向下连接尾骨。尾骨位于整个脊柱的最下端，由 3～4 块退化的尾椎融合而成，尾骨尖处的长强穴即是尾闾的位置。髋骨位于骶骨两侧，连接下肢，其与骶骨、尾骨连接成骨盆，骨盆起着参与运动、支持体重、传导重力、缓冲震动等作用。敛臀收腹动作时骨盆处于后倾状态。

图 5-14 是正常放松状态与敛臀收腹动作时骨盆位置对比图。如图 5-14 所示，当腰腹部处于放松状态时，骨盆前缘位于虚线 A 水平。当完成敛臀收腹动作时，骨盆后倾①使骨盆前缘位于虚线 B 水平。图 5-15 是敛臀收腹动作时骨关节侧面观。如图 5-15 所示，正常放松状态时腰椎、骶骨和尾骨在虚线 C 位置呈现腰椎前凸、骶椎和尾椎后凸的形态。当完成敛臀收腹动作时，骨盆后倾，臀部微微内收，长强穴稍向前②，此时骨盆后倾带动腰椎屈曲，使腰椎前凸③程度变小，即处于松腰状态，这时腰椎、骶骨和尾骨处于虚线 D 的位置。

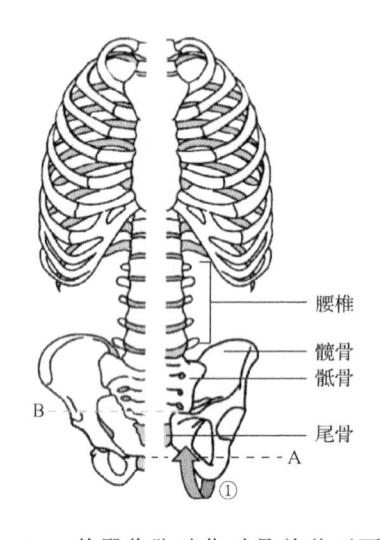

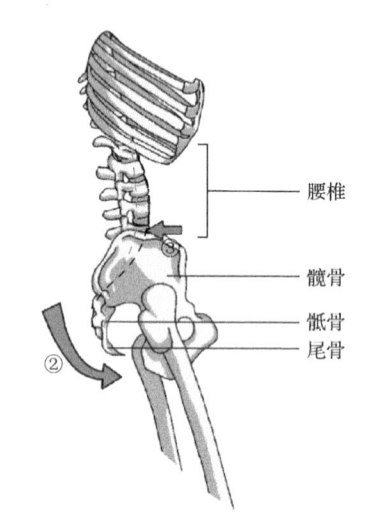

图 5-14　敛臀收腹动作时骨关节正面观　　图 5-15　敛臀收腹动作时骨关节侧面观

尾闾中正是指练习者的意念守于尾闾，带动骨盆进行运动。中正是指尾闾的运动方向，是身体前后和左右方向的中间位置。"尾闾中正神贯顶"的技法要点强调位于躯干底端的尾闾与位于躯干顶端的百会穴对拉拔长，这是脊柱在颈、胸、腰部得以形成整劲而力量绵延不断的骨骼结构基础。敛臀收腹动作时，骨盆后倾，使尾闾中正、腰椎微屈，从而完成松腰的骨骼运动。

（二）敛臀收腹动作的骨骼肌收缩

敛臀收腹动作是激活核心区稳定性的关键动作，如图 5-16～图 5-18 所示。敛臀收腹动作涉及的肌肉包括位于腹部的腹直肌、腹外斜肌、腹内斜肌、腹横肌，核心区顶部的膈肌，后部的腰方肌和底部的盆底肌群。

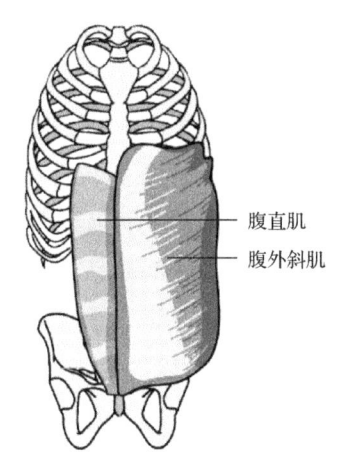

图 5-16 敛臀收腹肌肉运动图（腹直肌、腹外斜肌）

图 5-17 敛臀收腹肌肉运动图（腹内斜肌、腹横肌）

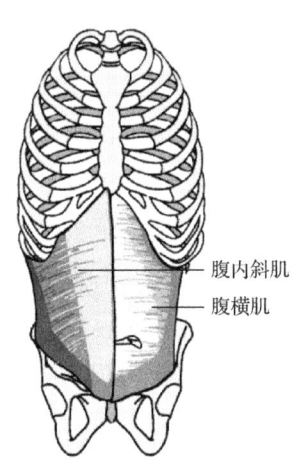

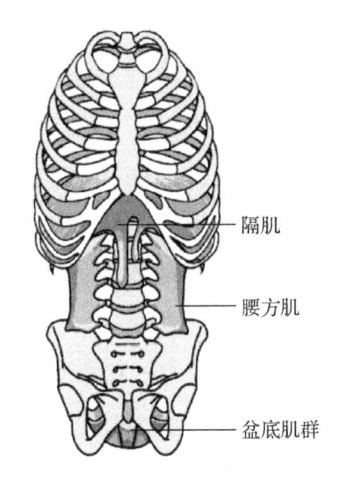

图 5-18 敛臀收腹肌肉运动图（膈肌、腰方肌、盆底肌群）

腹直肌位于腹前壁的正中线两侧，居腹直肌鞘内，为上宽下窄的带形多腹肌，全长被 3～4 条横行的腱带划分成多个肌腹，这些腱带由结缔组织构成，腹直肌与腹直肌鞘的前层紧密结合，可防止腹直肌收缩时移位。腹直肌起自耻骨联合上缘，止于胸骨剑突和第 5～7 肋软骨的前面。完成敛臀收腹动作时，腹直肌的收缩作用与腹外斜肌相同。

腹外斜肌为宽阔扁肌，位于腹前外侧壁的浅层，肌束由外上方向前内下方斜行。以锯齿状肌束起自第 5～12 肋骨的外侧面，后部肌束向下，止于髂嵴。前部肌束移行为腱膜，参与形成腹直肌鞘的前层，止于腹白线。下缘止于髂前上棘和耻骨结节，形成腹股沟韧带。完成敛臀收腹动作时，肌肉收缩使骨盆后倾，腰椎屈曲。

腹内斜肌为宽阔扁肌，位于腹外斜肌的深面，肌束由外下方向前内上方斜行。它起自胸腰筋膜、髂嵴和腹股沟韧带外侧，后部肌束几乎垂直上升，止于第10～12肋骨下缘。前部肌束移行为腱膜，参与形成腹直肌鞘的前层和后层，止于白线。完成敛臀收腹动作时，腹内斜肌的收缩作用与腹外斜肌和腹直肌相同。

腹横肌为宽阔扁肌，是核心区侧壁肌肉，位于腹内斜肌的深面，肌束向前内方横行。它起自胸腰筋膜、第7～12肋骨内面、髂嵴和腹股沟韧带外侧。肌束移行为腱膜，参与形成腹直肌鞘的后层，止于白线。完成敛臀收腹动作时，腹横肌收缩可增加腹压，提高核心区稳定性。

膈肌位于胸、腹腔之间，构成胸腔的底和腹腔的顶，为凸向上、穹隆形的扁薄阔肌。它起自胸廓下口，即胸骨剑突后面、下6对肋的内面及上位的3个腰椎体前面。肌束向中央汇聚，移行为腱膜，称为中心腱。膈肌为核心区上壁肌肉，是主要的呼吸肌。收缩时，膈穹窿下降，增大胸腔容积以产生吸气；松弛时，膈穹窿上升恢复原位，胸腔容积减小以产生呼气。完成敛臀收腹动作时，膈肌与腹部肌群同时收缩可增加腹压，提高核心区稳定性。

腰方肌是核心区后壁肌肉，位于腹后壁，在脊柱两侧，是不规则的四方形扁肌，其后方为竖脊肌，内侧为腰大肌。它起自髂嵴的后部，向上止于第12肋骨和第1~4腰椎横突。完成敛臀收腹动作时，肌肉收缩可辅助呼气，并可增加腹压，提高核心区稳定性。当躯干核心区稳定性较差时，腰方肌常表现为紧张或僵硬的状态，这种情况常见于长期站立和衰弱姿势的人群。

盆底肌是指封闭骨盆下口处的肌群，是核心区下壁肌肉，这些肌肉具有承托盆腔器官和调节腹压的作用。完成敛臀收腹动作时，盆底肌群协同收缩可增加腹压，提高核心区稳定性。

综上，如图5-19左侧所示，当身体处于正常放松状态或衰弱姿势时，位于胸廓下口的膈肌和封闭骨盆的盆底肌群呈一定的角度，放松的腹肌产生的腹压较小，而腰椎前凸曲度较大。为了维持直立状态，腰旁肌肉需要以较强的力量进行收缩，导致其常处于紧张状态。如图5-19右侧所示，在做敛臀收腹动作时，腹外斜肌、腹直肌、腹内斜肌协同收缩，增加腹压，使腰旁肌肉收缩的压力减小。可以说，敛臀收腹是松腰的方法，而松腰则是敛臀收腹的结果。同时敛臀收腹动作使骨盆前缘与胸骨靠近，膈肌和盆底肌群相互平行，使核心区处于最佳的稳定状态。在练习过程中，与虚领顶劲和含胸拔背动作相配合，脊旁深层小肌群充分激活稳定躯干，使正常放松状态或衰弱姿势时位于躯干表层紧张的大肌群得到放松，从而使练习者达到"满身轻利顶头悬"的效果。

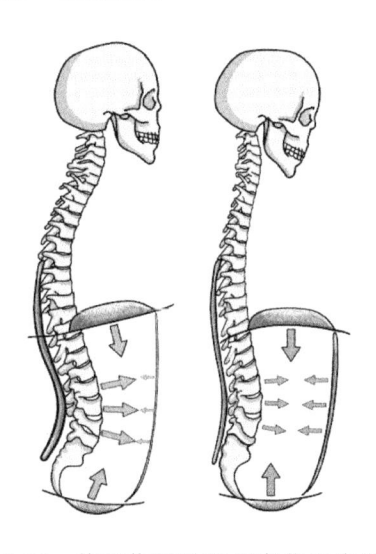

图 5-19　敛臀收腹时腹压变化示意图

在太极拳中，还有松腰落胯的技法要求。正常放松状态时，下肢的直立可依靠膝关节的骨性结构进行支撑，而较少需要大腿前后肌群收缩发力，臀部肌群几乎处于"0"激活的状态。当完成敛臀收腹、松腰落胯动作时，良好的核心稳定状态有效激活臀部和下肢动作肌群，使下肢产生强烈的肌肉收缩感，这就是杨澄甫所说的"腰为一身之主宰，能松腰然后两足有力，下盘稳固。……，有不得力必于腰腿求之也"的原因。

四、沉肩坠肘的科学解读

沉肩坠肘，沉者，没也，降也，"沉"字有物体坠入水中，在浮力作用下缓缓下沉之意，沉肩指肩胛骨下降，贴于胸廓后壁，与耸肩相对。坠者，落也，亦有垂挂之意，坠肘与悬肘相对而言，从字面上可理解为肘尖（尺骨鹰嘴）如挂重物而指向地面。但是太极拳中还有虚腋的技法要求，即肩关节外展，使腋下留有空隙。因此，坠肘时，肘尖不能完全与地面垂直，而是呈 45°夹角的状态。杨澄甫在《太极拳术十要》中提及"沉肩者，肩松开下垂也。若不能松垂，两肩端起，则气亦随之而上，全身皆不得力矣。坠肘者，肘往下松坠之意。肘若悬起，则肩不能沉，放人不远，近于外家之断劲矣"[①]。由此可见，太极拳练习过程中，沉肩与坠肘既相互制约，又相互协调。太极拳中沉肩坠肘的关键点在于肘关节屈曲，同时不超过肩关节水平面。

图 5-20 展示了沉肩坠肘动作时肩肘部位的背面观。①表示沉肩时肩胛骨下降的方向；②表示坠肘时肘关节的屈曲运动方向和肘尖的发力方向；③表示虚腋时肩关节外展的动作方向。

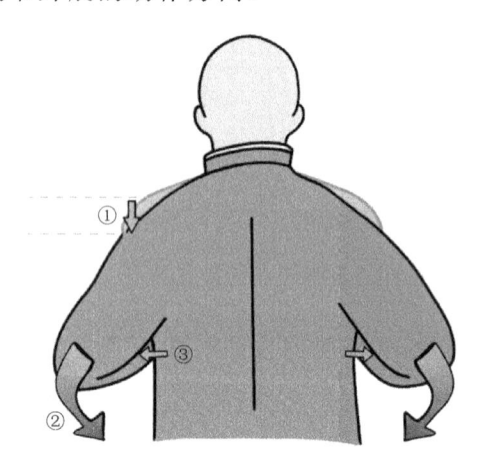

图 5-20 沉肩坠肘动作时肩肘部位的背面观

（一）沉肩坠肘动作的骨关节运动

完成沉肩坠肘动作的骨关节结构主要涉及肩胛骨、肩关节、肘关节。肩胛骨在沉肩坠肘动作时处于下降和上回旋状态。肩关节由肱骨头和肩胛骨关节盂构成，又称盂肱关节。灵活的球窝关节结构，使上臂能够在 3 个

---

① 杨澄甫，陈微明. 太极拳术十要[J]. 少林与太极，2009（3）：40.

方向上进行运动。在沉肩坠肘时,肩关节处于外展和屈曲状态。肘关节由肱骨远端与前臂内、外侧的尺、桡骨近端构成。尺骨鹰嘴则是尺骨近端的特殊体表标志物,常用来描述肘关节的运动。在沉肩坠肘动作中,肘关节处于屈曲状态。

图 5-21 是正常放松状态与沉肩动作时胸廓、锁骨、肩胛骨的背面对比图。如图 5-21①所示,当肩部处于正常放松状态时,肩胛骨位于图中虚线 A 的位置。如图 5-21②所示,当完成沉肩动作时,箭头 a 和虚线 B 表示肩胛骨下降的方向和位置变化;箭头 b 和虚线 C 表示含胸动作时肩胛骨外撑(前伸)的方向和位置变化;箭头 c 表示肩胛骨下回旋的方向变化。

图 5-22 是正常放松状态与虚腋动作时肱骨位置变化背面对比图。右侧为正常放松状态时肱骨的位置;左侧为虚腋动作时肩关节外展的肱骨位置;③展示了这一动作的变化过程。图 5-23 是肱骨位置变化侧面对比图,实线 A 为正常放松状态时肱骨的位置;直线 B 为虚腋动作时肩关节屈曲的肱骨位置;红色箭头④展示了这一动作的变化过程。

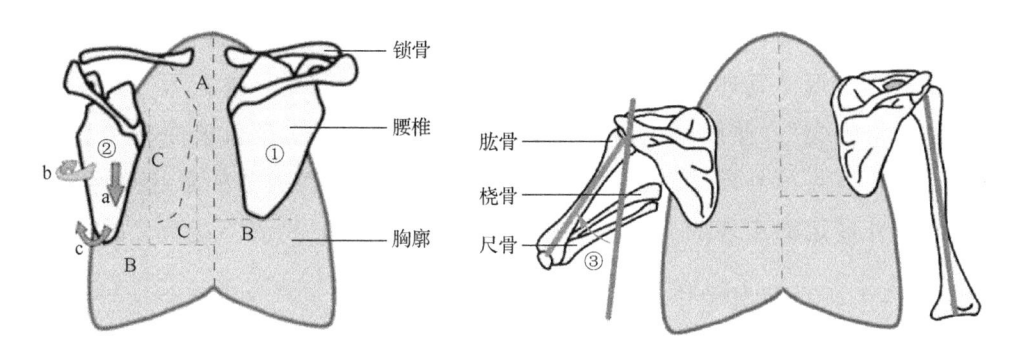

图 5-21 沉肩坠肘肩胛骨冠状面运动图　　图 5-22 沉肩坠肘肱骨冠状面运动图

图 5-24 是坠肘动作时尺、桡骨位置变化侧面图。实线 A 表示正常放松状态时尺、桡骨的位置;实线 B 表示坠肘动作时肘关节屈曲的尺、桡骨位置;箭头⑤展示了这一动作的变化过程。当上肢处于伸直状态时,肘尖(尺骨鹰嘴)指向后方⑥;当上肢处于坠肘状态时,肘关节屈曲,肘尖指向下方⑦。⑧展示了肘尖由后方向下方的变化过程。

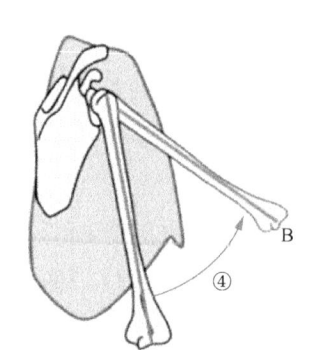

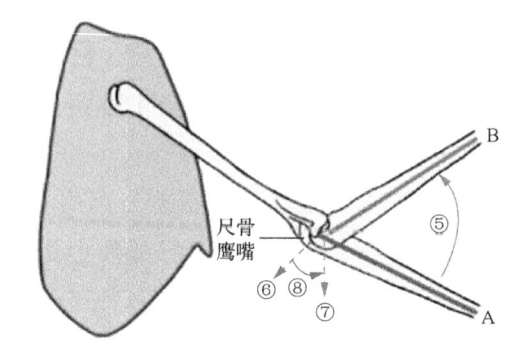

图 5-23　沉肩坠肘肱骨矢状面运动图　　图 5-24　沉肩坠肘尺、桡骨矢状面运动图

含胸与沉肩是太极拳肩部调控的主要动作，不同的是含胸以躯干调控为目的，沉肩以四肢活动为目的。含胸与敛臀相配合，可激活核心肌群，提高躯干稳定性；含胸与拔背相配合，可实现力量由脊柱发出的动作。稳定而有力的躯干是四肢运动的基础。由此可知，含胸是沉肩的前提。在练习过程中，"若不能松垂，两肩端起"使肩胛骨上移，限制了其向外撑（前伸）的含胸运动，导致胸廓后侧肋间无法张开，仅能通过胸骨上抬完成呼吸，就会出现"气亦随之而上"的情况，"胸不含则无以拔背"，自然"全身皆不得力矣"。坠肘是指肘部的调控动作。由于肘关节仅能屈伸和旋转，并不具备内收和外展运动的骨关节结构基础，所以肘关节的悬起是通过肩关节的外展运动实现的。因此，常出现"肘若悬起，则肩不能沉"的情况。

（二）沉肩坠肘动作的骨骼肌收缩

沉肩坠肘动作是上肢的最佳稳定性动作，如图 5-25～图 5-28 所示。沉肩动作涉及的肌肉包括将肩胛骨下拉的斜方肌下束纤维和将锁骨下拉的锁骨下肌，稳定肩胛骨的前锯肌和胸小肌，拮抗肩胛骨下降的菱形肌和肩胛提肌。虚腋动作涉及的肌肉包括将肩关节外展的冈上肌和三角肌中束纤维，将肩关节屈曲的三角肌前束纤维、胸大肌上束纤维和喙肱肌。坠肘动作涉及的肌肉包括将肘关节屈曲的肱肌、肱二头肌和肱桡肌。

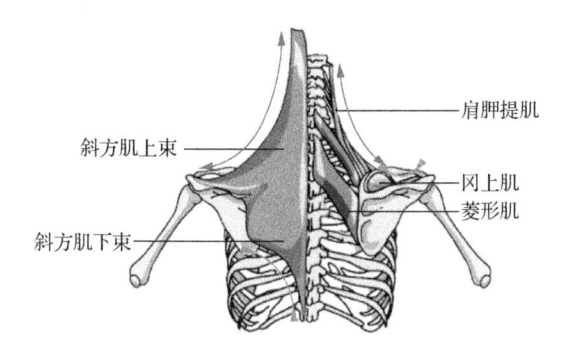

图 5-25 沉肩坠肘肌肉运动图（肩胛提肌、冈上肌、菱形肌、斜方肌上下束）

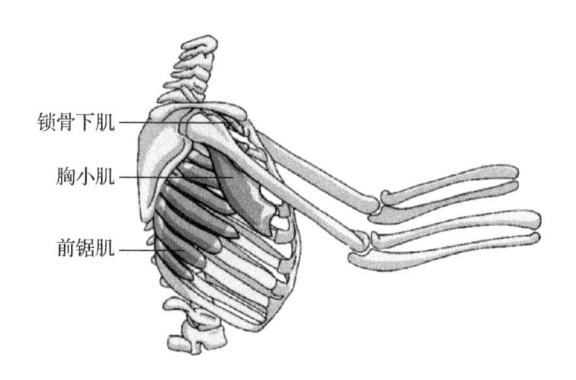

图 5-26 沉肩坠肘肌肉运动图（锁骨下肌、胸小肌、前锯肌）

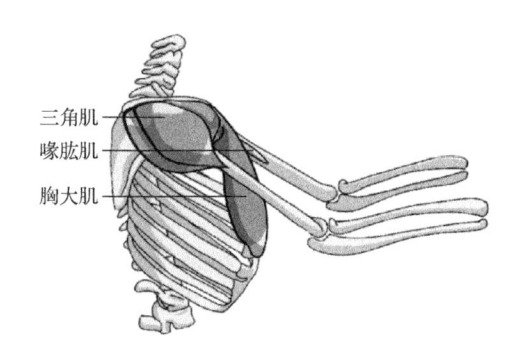

图 5-27 沉肩坠肘肌肉运动图（三角肌、喙肱肌、胸大肌）

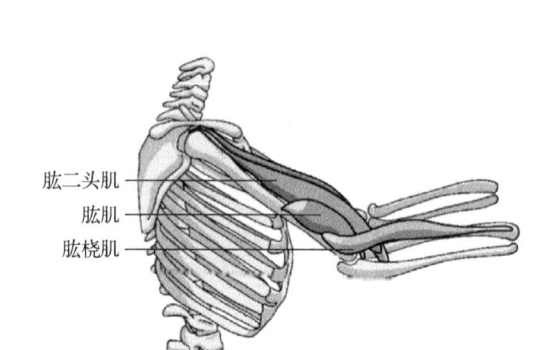

图 5-28　沉肩坠肘肌肉运动图（肱二头肌、肱肌、肱桡肌）

　　斜方肌位于项部和背上部，呈三角形，两侧合在一起为斜方形。肌束分为上、中、下3部分。它起自枕外隆凸、项韧带和全部胸椎的棘突，止于锁骨外侧 1/3、肩峰和肩胛冈。完成沉肩坠肘动作时，两侧斜方肌下束纤维同时收缩，使肩胛骨下降。斜方肌是沉肩动作的主要肌肉。

　　锁骨下肌位于锁骨下面，起自第1肋软骨上面，止于锁骨肩峰端。完成沉肩坠肘动作时，两侧锁骨下肌同时收缩，使锁骨下降。锁骨下肌是沉肩动作的辅助肌肉。

　　前锯肌与胸小肌的功能与含胸拔背部分相同，前锯肌收缩使肩胛骨紧贴胸廓，为上肢活动提供稳定性。胸小肌使肩胛骨前伸、下降和下回旋运动，同时完成含胸和沉肩动作，辅助前锯肌稳定肩胛骨。

　　菱形肌位于斜方肌深层，肩胛骨内侧缘和脊柱之间，呈菱形。它起于第6~7颈椎和第1~4胸椎的棘突，止于肩胛骨的内侧缘。

　　肩胛提肌位于斜方肌上部深层，为带状长肌。它起于第1~4颈椎的横突，止于肩胛骨的上角。两肌肉肌纤维方向与斜方肌上束纤维相同。完成沉肩坠肘动作时，两侧肌纤维同时收缩可上提肩胛骨，是含胸和沉肩动作的重要拮抗肌，可辅助主动肌稳定肩胛骨。

　　冈上肌居于斜方肌的深面，位于肩胛骨冈上窝内，为羽状肌。它起自肩胛骨冈上窝，肌纤维水平向外止于肱骨大结节。完成沉肩坠肘动作时，上臂由下垂位至外展 20°以内主要依赖冈上肌的作用。冈上肌是肩关节外展的启动肌。

　　三角肌位于肩部皮下，围绕肩关节周围，呈三角形，分前、中、后 3

部分。它起自锁骨外侧段、肩峰和肩胛冈。肌束从前、后、外三面包绕肩关节，止于肱骨体外侧面的三角肌粗隆。完成沉肩坠肘动作时，中部纤维使上臂外展，前部纤维使上臂屈曲。三角肌是上肢运动和稳定肩关节的主要肌肉。

胸大肌位置浅表，覆盖胸廓前壁的大部，呈扇形，宽而厚。它起自锁骨的内侧半、胸骨和第1～6肋软骨前面及腹直肌鞘前壁上部。各部肌束聚合向外，以扁腱止于肱骨大结节嵴。完成沉肩坠肘动作时，两侧胸大肌上束纤维向前内拉引肱骨，使上臂屈曲，在外展和内收方向上与三角肌中后部纤维协同拮抗，稳定肱骨。

喙肱肌位于上臂上半部的前内侧，为一块较小的长梭形肌。肌束从喙突斜向下方，起于肩胛骨喙突，止于肱骨中部内侧。完成沉肩坠肘动作时，两侧肌肉同步收缩使上臂屈曲，辅助三角肌前部纤维完成虚腋动作。

肱肌位于肱二头肌下半部的深层，为梭形扁肌。它起自肱骨下半部的前面，止于尺骨粗隆。完成沉肩坠肘动作时，两侧肌肉同步收缩，使前臂在肘关节处屈曲。肱肌是坠肘动作的主要动作肌。

肱二头肌位于上臂前面，呈梭形，屈肘时，其轮廓清晰可见。该肌有长、短二头，肌束平行排列，为双关节肌，长头起自肩胛骨盂上结，短头起自肩胛骨喙突。长头穿过肩关节囊经结节间沟下行，于肱骨中部与短头合并形成一纺锤状肌腹，以腱止于桡骨粗隆和前臂筋膜。完成沉肩坠肘动作时，两侧肌肉同步收缩，使上臂在肩关节处屈曲，使前臂在肘关节处屈曲，辅助肱肌完成坠肘动作。

肱桡肌位于前臂前面桡侧，为长形梭状肌，用力屈肘时可显现此肌外形。它起于肱骨外上髁上方，肌束越过肘关节的额状轴前方，止于桡骨茎突。完成沉肩坠肘动作时，两侧肌肉同步收缩，使前臂在肘关节处屈曲。正常情况下，此肌肉使前臂保持正中位置。当前臂位于内旋位时，该肌可使其旋外；当前臂位于外旋位时，该肌有旋内作用。因此，肱桡肌不仅在辅助坠肘动作中发挥作用，还是旋腕动作的重要肌肉。

在太极拳练习中，要求连绵不断、力由脊发的整劲，含胸拔背与沉肩坠肘相配合，提供了躯干和上肢活动的稳定性，使肩背部肌群得以协调收缩获得整劲。然而，若肘悬而不能沉肩，肩胛骨周围的稳定肌群无法有效收缩激活，躯干肌肉收缩与上肢肌肉收缩不能相互协调，则会使脊背的力量与上肢的力量之间产生断劲之感。

五、合膝裹裆的科学解读

合膝裹裆，合者，聚也，聚拢靠近之意，合膝指开胯后两膝内旋带动双脚平行或微内扣；裹者，包也，包裹内合之意，裹裆指圆裆后内收肌群激活产生的内合的裆劲。《太极拳谱》中提到"其根在脚，发于腿，主宰于腰，形于手指。由脚而腿、而腰，总须完整一气，向前、退后，乃能得机得势，有不得机得势处，身便散乱，必至偏倚，其病必于腰腿求之"[①]。由此可见，在太极拳练习中，下肢动作的调控是调形的基础。合膝裹裆作为下肢动作调控的重要环节，其关键点在于膝关节的自然内旋和大腿内收肌群的激活。

图 5-29 展示了合膝裹裆动作时腰腿部位的正面观。①表示合膝时膝盖外撑，膝关节自然内旋的方向；②表示裹裆时内收肌群收缩发力的方向；③表示双足平行或微内扣的方向。

图 5-29　合膝裹裆动作时腰腿部位的正面观

（一）合膝裹裆动作的骨关节运动

完成合膝裹裆动作的骨关节结构涉及髋关节、膝关节、胫腓关节和踝

---

① 王宗岳，等. 太极拳谱[M]. 沈寿，点校考译. 2 版. 北京：人民体育出版社，1995：49.

关节。髋关节的关节面由股骨头与髋骨的髋臼构成，其球窝结构使大腿能够在 3 个方向上进行运动，是下肢灵活运动的结构基础。合膝裹裆动作中髋关节处于外展、外旋、屈曲状态。膝关节由股骨远端、髌骨和胫骨近端构成，是人体最大、最复杂的关节。合膝裹裆动作中膝关节处于屈曲、内旋状态。胫腓关节由腓骨头和胫骨近端外侧髁构成，周围韧带的紧密连接使其只能微动。合膝裹裆动作中胫腓关节的腓骨处于微下降状态。踝关节由胫骨下关节面、内踝关节面和腓骨的外踝关节面与距骨上部及两侧的滑车关节面连接而成，是人体最大的负重关节。合膝裹裆动作中踝关节处于胫、腓骨远端紧密靠近的横向稳定状态。

图 5-30 展示了合膝裹裆动作的下肢骨关节正面观。合膝时，膝关节屈曲，髌骨朝向外前方向，箭头①展示了胫骨内旋的方向。裹裆时，髋关节屈曲、外展、外旋，箭头②展示了内收肌群在股骨处收缩发力的方向。合膝裹裆时，踝关节屈曲，箭头③展示了踝关节与胫骨同步内旋，使足尖相对髌骨发生内旋的位置变化。

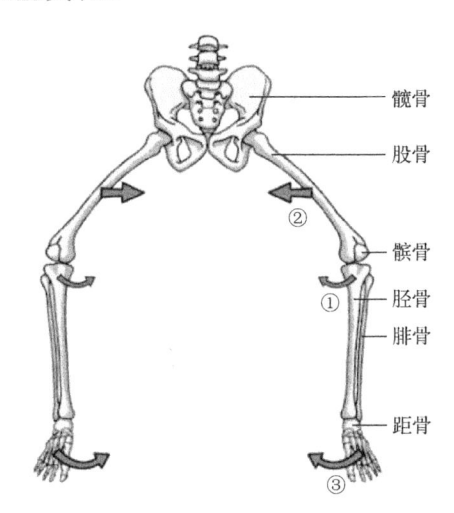

图 5-30 合膝裹裆骨关节运动图

合膝是太极拳膝部调控的主要动作。在太极拳中，合膝并非指两膝部靠近，而是用来描述屈膝时胫骨自然内旋，使双脚平行或微内扣的状态。图 5-31 为右侧膝关节屈曲 90°时的上面观，实线 A 与实线 B 表示膝关节伸直时股骨下端与胫骨上端的冠状轴。直立状态下，股骨干轴线与地面呈80°角而非垂直于地面，即膝关节存在10°的生理外翻角度，从而形成了屈膝时实线A与水平虚线的10°角。同时在屈膝时，胫骨外侧髁较内侧髁更远地后退滑动，形成了实线B与水平虚线的20°角。两角度相加，与膝关节伸直相比，屈膝90°时，胫骨存在30°的自然内旋。足踝部与下肢胫、腓骨相连接。膝关节的这种生理结构特性决定了在太极拳下肢的屈膝动作中，足尖的方向应与胫骨自旋角度保持一致，而非传统意义上的与膝盖（髌骨）方向一致，使得足尖相对于膝盖应始终处于微微内扣的合膝状态。

此外，太极拳理论认为，气力的运行遵循"其根在脚，发于腿，主宰于腰，形于手指"的原则，这里的"脚"指脚掌而非脚跟。这是因为踝关节是人体最大的负重关节，稳定的踝关节是人体所有直立运动的前提基础。太极拳对踝关节的横向稳定性控制是通过脚掌发力时胫骨后肌和长屈肌的收缩运动来实现的。图5-32为右侧小腿背面观。为了维持直立姿势，膝关节屈曲必然伴随踝关节背屈，此时腓骨远离胫骨。腓骨位于图中虚线位置。当位于小腿后方的胫骨后肌和踇长屈肌收缩时，拉动腓骨向胫骨靠近，提高了踝关节的横向稳定性。同时，腓骨的小幅度下降，释放了屈膝时膝盖外下方胫腓关节的压力。因此，太极拳合膝与脚掌（五趾）抓地的动作可使膝、踝关节处于最佳的稳定状态。

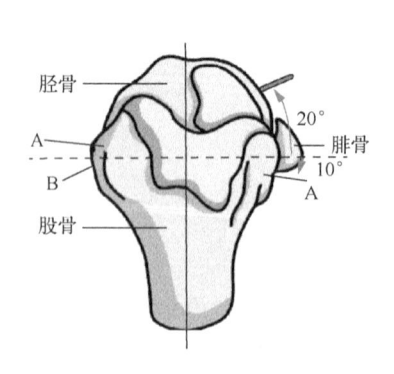

图5-31 膝关节的自旋运动示意图

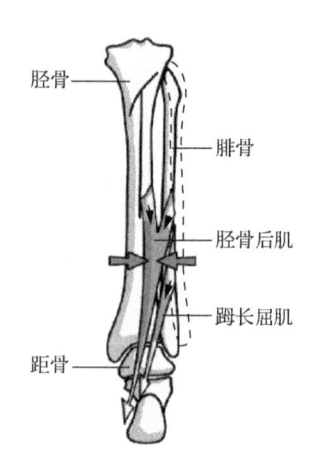

图5-32 右侧小腿背面观

（二）合膝裹裆动作的骨骼肌收缩

合膝裹裆动作是下肢的最佳稳定性动作。如图 5-33～图 5-36 所示，合膝裹裆动作涉及的肌肉包括将髋关节外展的臀大肌、臀中肌、臀小肌、梨状肌、阔筋膜张肌；裹裆的耻骨肌、长收肌、短收肌、大收肌、股薄肌；将髋关节屈曲的腰大肌、髂肌、股直肌、缝匠肌；将膝关节屈曲的股二头肌、半膜肌、半腱肌、腓肠肌。

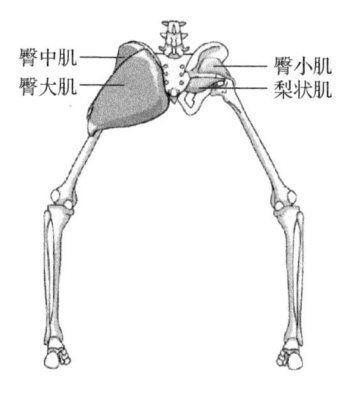

图 5-33 合膝裹裆肌肉运动图（臀大肌、臀中肌、臀小肌、梨状肌）

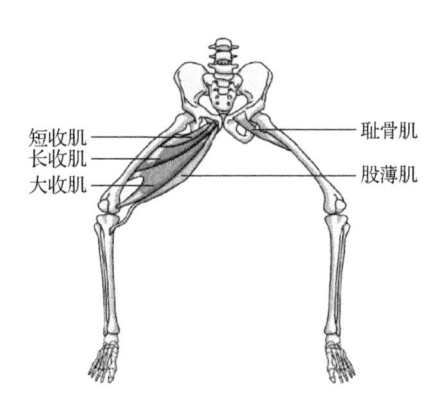

图 5-34 合膝裹裆肌肉运动图（耻骨肌、长收肌、短收肌、大收肌、股薄肌）

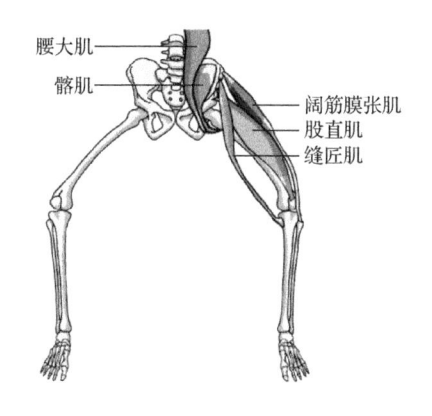

图 5-35 合膝裹裆肌肉运动图（阔筋膜张肌、腰大肌、髂肌、股直肌、缝匠肌）

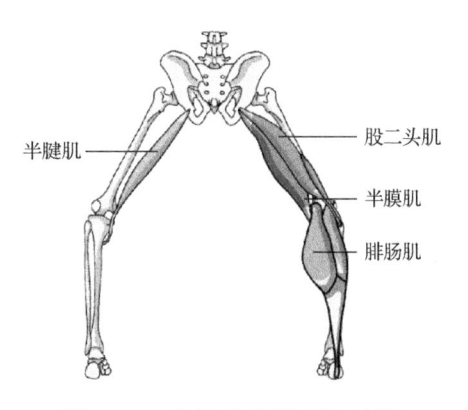

图 5-36 合膝裹裆肌肉运动图（股二头肌、半膜肌、半腱肌、腓肠肌）

臀大肌位于臀部皮下浅层，是人体中最粗大有力的肌肉，呈四方形扁平状，形成了臀部的膨隆外形。肌束平行排列，可分为上部肌束和下部肌束。它起自髂骨翼外面后部和骶骨背面，止于肌束斜向外下方，肌腱呈平板状止于股骨的臀肌粗隆和髂胫束。当完成合膝裹裆动作时，上部纤维收缩使髋关节外展，下部纤维收缩使髋关节内收。臀大肌上部纤维是外展的重要肌肉。

臀中肌与臀小肌位于臀部外上方，大部分被臀大肌所覆盖，臀小肌位于臀中肌深层。两肌呈扇形，二肌肌束均呈放射状排列，分为前、后两部分。两肌均起于髂骨翼外面，止于股骨大转子。当完成合膝裹裆动作时，肌肉收缩使大腿在髋关节处外展，前部纤维使大腿在髋关节处屈曲和内旋，后部纤维收缩使髋关节伸展和外旋。臀中肌与臀小肌是维持骨盆横向稳定性的重要肌肉。

梨状肌位于小骨盆内，呈梨形，向外穿出坐骨大孔至股骨上端。它起于骶骨前侧面，止于股骨大转子顶端。当完成合膝裹裆动作时，肌肉收缩使髋关节外展和外旋，辅助臀中肌、臀小肌稳定骨盆。

耻骨肌位于大腿内侧上部，为长方形短肌。它起于耻骨上支，止于股骨粗线内侧唇上部。当完成合膝裹裆动作时，肌肉收缩使髋关节内收、屈曲。

长收肌位于耻骨肌内侧，为三角形扁肌。它起于耻骨上支，止于股骨粗线内侧唇中部。当完成合膝裹裆动作时，肌肉收缩使髋关节内收、屈曲。

短收肌位于耻骨肌与长收肌深面，较长收肌短而厚，为三角形扁肌。它起于耻骨下支，止于股骨粗线内侧唇中部。当完成合膝裹裆动作时，肌肉收缩使髋关节内收、屈曲。

大收肌位于短收肌深层，为最大的内收肌，呈三角形。它起于骨结节、坐骨支和耻骨下支，止于股骨粗线内侧唇上 2/3 处及股骨的收肌结节。当完成合膝裹裆动作时，肌肉收缩使髋关节内收、伸展。

股薄肌位于大腿内侧浅层，为带状长条肌。它起于耻骨下支，肌束下行自膝关节后方转至前方，止于胫骨粗隆内侧。当完成合膝裹裆动作时，肌肉收缩使膝关节屈曲和内旋，并使髋关节内收。耻骨肌、长收肌、短收肌、大收肌、股薄肌作用于大腿内侧，与髋关节的外展肌群协同拮抗，是裹裆动作中维持骨盆稳定性的重要肌群。

髂腰肌由腰大肌和髂肌组成。腰大肌为单羽肌，位于脊柱腰段两侧；髂肌呈扇形，位于骨盆内侧面。腰大肌起于第12胸椎和第1～5腰椎体侧面和横突；髂肌起于髂窝。两肌向下相结合，经腹股沟韧带深面和髋关节的前内侧，止于股骨小转子。当完成合膝裹裆动作时，肌肉收缩使大腿在髋关节处屈曲并旋外。髂腰肌是屈髋的辅助肌肉。

阔筋膜张肌位于大腿上部前外侧，被阔筋膜包裹，为梭形肌。它起于髂前上棘，向下移行于髂胫束，后者止于胫骨外侧髁。当完成合膝裹裆动作时，肌肉收缩使髋关节屈曲、外展和内旋。阔筋膜张肌具有较长的力臂，是维持骨盆横向稳定性的重要肌肉。

股直肌位于股骨前侧，股中间肌后方。它起自髂前下棘及髋臼上缘，与股内侧肌、股外侧肌和股中间肌向下形成一个肌腱，包绕髌骨前面和两侧，向下延伸为髌韧带，止于胫骨粗隆。合膝裹裆时，肌肉收缩使大腿在髋关节处屈曲，并使膝关节伸展。股直肌是维持人体直立姿势的重要肌肉。

缝匠肌位于大腿前、内侧面皮下浅层，呈扁带状，从大腿外上方向内下方斜行，是全身最长的肌肉。它起于髂前上棘，止于胫骨粗隆内侧面。当完成合膝裹裆动作时，肌肉收缩使髋关节屈曲和外旋，并使膝关节屈曲和内旋。缝匠肌是屈膝的辅助肌肉。

股二头肌位于大腿后面外侧，呈梭形，有长、短两个头，肌束平行排列。长头起于坐骨结节，短头起于股骨粗线外侧唇下部，两头合并以长腱止于腓骨头。当完成合膝裹裆动作时，肌肉收缩使膝关节屈曲和外旋，并使髋关节伸展。

半膜肌与半腱肌位于半腱肌的深层，半腱肌的上半部分为腱膜。半腱肌位于大腿后内侧的浅层，肌腱细长，几乎占据了肌长的下半段。半腱肌和半膜肌均为单羽肌。它们起自坐骨结节的扁薄腱，止于胫骨内侧面。当完成合膝裹裆动作时，肌肉收缩使膝关节屈曲和外旋，并使髋关节伸展。半膜肌、半腱肌、股二头肌合称为腘绳肌，与股四头肌特别是股直肌协同拮抗，在维持髋、膝关节前后方向稳定性中起到重要作用。

腓肠肌两个头为双关节肌，位于小腿后面皮下浅层、比目鱼肌上方。腓肠肌的内、外两个头分别起于股骨的内、外侧后面。腓肠肌与比目鱼肌会合，在小腿上部形成膨隆的肌腹，向下移行为人体最粗大的跟腱，止于跟结节。当完成合膝裹裆动作时，肌肉收缩使膝关节屈曲。腓肠肌是维持人体直立姿势的重要肌肉。

图 5-37 为合膝裹裆动作时下肢的简易正面观。如图 5-30 所示，在太极拳练习中，髋关节常处于外展、外旋的开胯状态，此时双腿与地面构成底边长短可变的三角形。若无大腿内侧肌群收缩发力，将难以维持下肢的稳定。起于耻骨周围，跨越髋关节的内收肌群收缩激活，形成向内的合力，以维持开胯状态时骨盆的横向稳定性，使髋关节处产生裹裆之感。裹裆与合膝协调配合，使下肢从脚掌、踝关节、膝关节、髋关节至骨盆，形成"由脚而腿、而腰"完整一气的最佳发力途径，从而达到"得机得势"的练习效果。

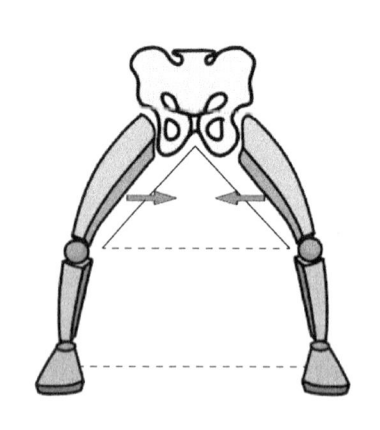

图 5-37 合膝裹裆动作时下肢的简易正面观

从以上的分析中能够发现，太极拳对于形的调控要求，包括虚领顶劲、含胸拔背、敛臀收腹、沉肩坠肘、合膝裹裆等符合功能解剖和生物力学的基本原理，其科学性和实践价值值得被广泛学习和推广。

第二节　太极拳神炼的科学解读

太极拳中对神的调控主要是通过人的意念活动实现的，即对自身思想意识和精神活动的自主控制与调整。在这个过程中，实际上就是对呼吸节奏与身体动作的有意识控制。因此，无论是以控制身体为目的的调形，还是以调整呼吸为主的调气，都要在思想意识的指令下完成和实现。可见，意念控制是太极拳神炼的途径和方法。

一、太极拳神炼的内涵

太极拳练习者主要通过调控意念达到神炼的效果。"拳以意名者，以意为诸拳之母，凡百运动，皆源于此也。夫心者，人之宰也，心之发动曰意。"[①]太极拳中有"内三合"的说法，就是心与意合，意与气合，气与力合。在内劲的产生与运用的过程中，心在其中起重要作用。中国文化中的"心"就是指人体的大脑意识。太极拳拳法强调"以意代力"，突出了人体意识在太极拳力量控制中的重要作用，体现了太极拳"形神一体"的内涵。

从现代生理学的视角来看，神经系统对动作的控制，即意的调控作用。大脑作为全身神经系统的终端，是意的总控室。意的生成就是人体对骨骼肌进行控制所产生神经反射的一个过程，发力的过程是由人脑内部高级神经元反复作用于人体，并且通过骨骼肌的收缩与舒张牵引所产生的。长期反复的动作练习后，大脑会对某一个固定动作产生神经冲动，而经过大脑思维判断后由运动神经传导至相应部位的骨骼肌效应器，做出动作反应。这是一个复杂的神经反射过程。

在传统太极拳理论体系中，对意的控制实际上就是对神经控制系统的训练。传统的太极拳调意的训练方法与现代解剖学中神经主动控制的理论方法相类似。神经系统意识调控的训练就是不断增强人体大脑对身体运动效应器的进一步控制能力，缩短大脑思维的过程和运动神经反复传导的作用时间，从而形成意识快速引导动作的能力。因此，太极拳神炼的终极目的实际上就是通过时时处处、日积月累的意念调控练习，达到呼吸协调配合、肌肉骨骼协同发力的动作自动化状态。

二、太极拳神炼的生理学基础

神经系统在结构和功能上是一个整体，为了便于叙述和学习，将其分为中枢部和周围部。中枢部又称中枢神经系统，由脑和脊髓组成。周围部由脑神经和脊神经组成，又称周围神经系统。脑神经与脑相连，脊神经与

---

① 曹志清．形意拳理论研究[M]．中国武术协会，审定．2版．北京：人民体育出版社，1993：23．

脊髓相连。根据周围神经在人体各器官系统中的分布范围，又可把周围神经系统分为躯体神经和内脏神经。躯体神经分布于体表、骨、关节和骨骼肌；内脏神经则分布至内脏、心血管、平滑肌和腺体。躯体神经和内脏神经中皆有感觉神经纤维和运动神经纤维成分，感觉神经的冲动自感受器传向中枢，因此又称其为传入神经；运动神经的冲动自中枢传向周围，因此又称其为传出神经。

神经系统的基本结构和功能单位是神经元，人体中具有不同功能的神经元以突触方式相联系，并借助神经纤维分布于全身各器官、各系统，实现对人体各种活动的调节与控制。神经系统与体内各器官、各系统的功能和各种生理过程不是各自孤立地进行的，而是在神经系统的直接或间接调节控制下，互相联系、相互影响、密切配合，使人体成为一个完整统一的有机体，实现和维持正常的生命活动。同时，人体又生活在经常变化的环境中，神经系统能感受到外部环境的变化，接收内外环境的信息，对体内各种功能不断进行迅速而完善的调整，使人体适应体内外环境的变化。可见，神经系统在人体生命活动中起到主导作用。因此，经典太极拳理论中提到"打拳心是主；以心为主，而五官百骸无不听命；运转随心；运化全在一心；四体从心而运，官骸皆悦以顺从"[①]。在中国传统医学的视角下，心主神明，等同于现代医学中的神经系统。

三、太极拳神炼对人体运动能力的影响

太极拳神炼实际上就是意识干预作用于运动、呼吸、心血管系统等，从而促进人体各项机能能力的提升。太极拳这种时时处处强调意念调控的神炼方法和手段在其他身体活动中较为少见。

在现代运动训练理论体系中，加强神经控制的主要方法是在徒手或者器械训练的过程中，施加意识来引导动作，以主动或被动的方式加深动作在脑海中的印象。其中，人体在完成某个特定动作时，骨骼肌必然产生神经信号反馈，那么神经控制系统可以主动接收调节信号并反作用于骨骼肌

---

① 郭志禹，姜娟. 中国太极拳健康文化系统的研究[J]. 上海体育学院学报，2006，30（3）：57-61.

张力，来实现控制与支配整个人体动作。这从某种意义上说明了运动训练能够增强意识的调控作用，同时又解释了神经控制系统的训练对人体运动系统功能的增强是必然的。神经系统对于动作的控制是双向促进的，主动自我控制的效果需要在动作练习及器械应用达到一定熟练程度后才能显现出来，而在训练初期自我意识动作控制能够产生的效果并不理想。被动影响的方式主要是引导，当前主流的方法是利用外界设备，如音频视频设备增强自我动作意识；还可以通过教练员对练习者动作的纠正，对练习者产生影响。总之，无论是主动干预，还是被动影响，都是加强神经系统后对动作进行强化，最终达到神经系统与运动系统的高度协调统一状态。这与太极拳习练过程中要求"形神统一"的练习理念十分相似。

以意调控的理念在太极拳实际操练中是普遍存在的。用意去引领与支配所有动作，肌肉要有序地发力。在这个过程中，要感受每个动作的运行轨迹。这样一来，在练习太极拳的过程中，由意控制动作产生到动作的完成反作用于大脑，回流产生了新的意，这对人体意识起到了强力增强作用。当有外力作用到自身时，身体能够迅速地通过意的行为支配将收到的外力转化为其他部位的力量将其分散，减弱外力对人体自身的影响，甚至可以利用力的传导作用，将力反作用于外力发出者。杨澄甫和陈微明认为，"若不用力而用意，意之所至，气即至焉。如是气血流注，日日贯输，周流全身，无时停滞，久久练习，则是真正内劲"[1]。太极拳论中云"极柔软，然后能极坚刚"也。太极拳功夫纯熟之人，臂膊如绵里裹铁，分量极沉，那么在太极拳的对战中为什么可以达到"四两拨千斤"的效果呢？其实就利用了这个反作用原理。当对手外力来袭时，通过意识的控制使外来力量转变为下盘蹬地的力，与此同时力量传导于腰间，利用长期练习所形成的高阶神经反射控制核心区肌肉传导力量，使原有的外力改变作用方向。当这种力量发出时，它已经比先前有了很大的提升，若返回于施力者，则威力相当惊人。这就有了所谓"四两拨千斤"的效果。可见，太极拳神炼能够促进提高中枢神经的灵敏度，使神经与肌肉协作更加协调。

---

[1] 杨澄甫，陈微明．太极拳说十要[J]．武当，2003（11）：19．

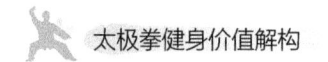

第三节　太极拳气炼的科学解读

太极拳气炼，从广义角度来看，即指对呼吸之气的控制，同时也包括人体内气的运行；从狭义角度来看，则单纯指呼吸之气，又被称为"调息"，即主观调整和控制呼吸，以改变它的频率、深度等。本节主要从解剖学视角，从狭义角度剖析太极拳练习中的呼吸调控，探究太极拳呼吸运动对人体呼吸系统的影响。

机体与外界环境进行气体交换的过程称为呼吸。在新陈代谢过程中，人体要不断消耗氧气，产生二氧化碳。气体交换的位置有两处：一处是外界与呼吸器官的气体交换，称之为肺呼吸或外呼吸。另一处由血液和组织液与机体组织、细胞之间进行气体交换，称之为内呼吸。呼吸系统包括呼吸道和肺。参与呼吸的肌肉主要有肋间肌和膈肌。肋间肌和膈肌能够使胸廓扩大或缩小。当肋间肌和膈肌收缩时，胸廓体积增大，肺随之扩张，这时肺内气压就低于大气压，外界空气通过呼吸道进入肺，完成吸气。相反，当肋间肌和膈肌舒张时，胸腔体积缩小，肺随之回缩，这时肺内气压就高于大气压，肺内气体通过呼吸道排出体外，完成呼气。通过呼吸运动，肺实现了与外界环境的气体交换，使肺泡内的气体不断地得到更新。从解剖学角度出发，细致地了解呼吸肌在调息时的变化，有助于更好地达到调气的要求和目的。

一、太极拳气炼的内涵

呼吸系统的调节作用对运动能力表现的意义，不亚于神经控制系统的训练。在运动中，神经控制系统负责控制，而呼吸系统起着调节作用。在运动过程中，肢体稳定性，特别是核心区的稳定性离不开呼吸的配合。人体核心区的稳定性可以看作四肢肌肉的力量之源与中转枢纽，是肢体协调高效运动的基础与前提。

《太极拳谱》中的《五字诀》指出："呼吸通灵，周身罔间。吸为合、为蓄；呼为开、为发。盖吸则自然提得起，亦拏得人起；呼则自然沉得下，亦放得人出。此是以意运气，非以力使气也！"[1]由此可知太极拳的呼吸是内在的、用意念导引的丹田呼吸。此外，太极拳中的呼吸就是开合。正所谓"开合虚实，即为拳经"[2]，因此如果理解太极拳中的呼吸，就能理解开合的原理，从而领会劲的运用。这也体现了在太极拳练习中，呼吸与动作的相互配合与协调。

二、太极拳气炼的生理学基础

呼吸系统是由肺外呼吸道和肺两大部分组成的。呼吸道包括鼻、咽、喉、气管、主支气管和肺内各级支气管。肺由肺泡及肺内各级支气管等构成。临床上常把鼻、咽、喉称为上呼吸道，把气管、主支气管和肺内各级支气管合称为下呼吸道。

呼吸系统的主要功能是进行气体交换，即吸入氧气，排出二氧化碳。机体在进行新陈代谢的过程中，呼吸系统不断地从外界吸入氧气，通过循环系统将氧输送至全身的组织和细胞，经过氧化反应，产生组织和细胞所需要的能量。同时，在氧化过程中产生的二氧化碳通过循环系统被输送至呼吸系统，最终排出体外，以保证机体生理活动的正常进行。此外，呼吸系统还有发音、嗅觉、协助静脉血回流入心和内分泌等功能。

呼吸系统的动力来源是呼吸肌（图 5-38）。呼吸肌是指参与呼吸运动的肌肉。通常呼吸肌按功能可分为吸气肌和呼气肌，吸气肌主要包括膈肌、肋间外肌和胸锁乳突肌；呼气肌主要有肋间内肌和腹肌。呼吸肌按主次地位可分为固有呼吸肌和辅助呼吸肌，固有呼吸肌包括膈肌、肋间外肌、肋间内肌、胸横肌等；辅助呼吸肌又分为助吸气肌和助呼气肌，助吸气肌包括背阔肌、胸大肌、胸小肌、前锯肌、胸锁乳突肌等，助呼气肌包括竖脊肌、腹直肌、腹外斜肌、腰方肌、髂肋肌等。其中，膈肌是最主要的呼吸肌，也是维持腹内压的重要肌肉。

---

[1] 王宗岳，等．太极拳谱[M]．沈寿，点校考译．2版．北京：人民体育出版社，1995：65-66．
[2] 王宗岳，等．太极拳谱[M]．沈寿，点校考译．2版．北京：人民体育出版社，1995：279．

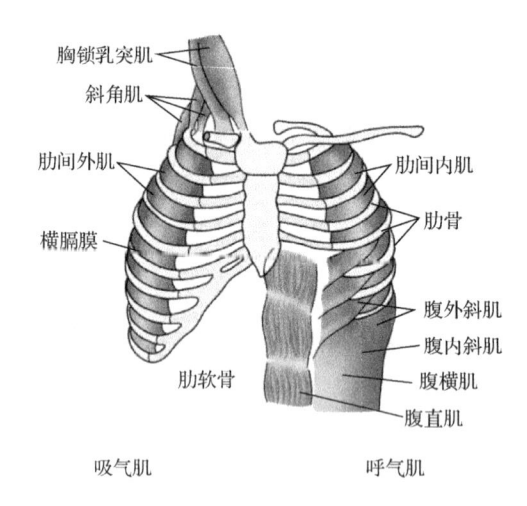

图 5-38 呼吸肌群

呼吸肌是骨骼肌，在形态学和机能学上与运动肌类似。因此，如果施加合理的生理负荷，呼吸肌也可以像运动肌一样进行训练。呼吸肌训练可作为健康人、运动员和慢阻肺患者改善呼吸肌功能和运动成绩的训练方式之一。

三、太极拳腹式呼吸对人体运动能力的影响

在日常生活和运动训练中，常见的呼吸方法主要包括胸式呼吸和腹式呼吸两种。胸式呼吸是指吸气肌作用于胸廓，胸骨柄上抬，胸廓扩张，胸腔压力减小产生吸气，自然放松胸廓回弹产生呼气的呼吸方式，在日常生活中较为常见。腹式呼吸是指膈肌主动收缩并向下移动，导致腹压增加、胸腔压力减小，从而主动吸气。同时，由于腹部肌肉、胸廓和肺的弹性回缩，产生被动呼气。腹式呼吸又称膈式呼吸或横膈呼吸。在太极拳运动中，呼吸与动作合理配合，即气与形相互配合，有助于动作效果的提升。相比自然呼吸，腹式呼吸通过提高膈肌上下收缩的能力，增强肺部的伸缩性，加大肺的通气量，保证运动过程中氧气的有效供给。

影响人体核心区稳定性的肌肉绝大多数在腹腔内部。正确的腹式呼吸方法可以有效地增强人体核心区的肌肉力量，调动人体各部位骨骼肌协同

运动。在传统太极拳运动与现代力量训练中，呼吸训练均具有力量传导的重要作用。在太极拳练习中，要求采用腹式呼吸方法，它有助于力量发放。当然，练习的初始阶段离不开意念的有意控制。这也就是太极拳中所提到的"以意行气"。

在太极拳练习过程中，要求练习者气沉丹田。气沉丹田是腹式呼吸的一种表现形式，是在人体意识影响下所形成的一种腹式呼吸。这种呼吸方式贯穿太极拳练习的始终，也是太极拳整体发力的重要组成部分。经常进行这种呼吸练习，可以增强人体核心区深层肌肉的稳定性，提高运动表现。这是太极拳内劲发放的基础，是太极拳练习者整劲表现的先决条件。

第六章　太极拳在康复医学中的应用

太极拳动作绵延舒缓，柔顺灵活，协调连贯，目前在各类慢性疾病康复中治疗效果显著，应用亦越来越广泛。太极拳对心血管系统疾病具有改善心功能、降低血压的作用；对呼吸系统疾病具有改善肺功能、增加肺活量的作用；对免疫系统疾病具有减轻疼痛、缓解炎症反应的作用；对骨关节系统疾病具有改善关节活动度等作用；对神经系统疾病具有调节心理状态、增强躯干平衡稳定性及预防跌倒的作用；对内分泌系统疾病具有控制血糖水平、改善糖脂代谢、减轻胰岛素抵抗的作用；对癌症患者具有极大提高自身免疫力、纠正不良情绪、提高生存质量等作用。此外，针对日常保健来讲，太极拳通过按摩腹部脏器促进消化，减轻关节和肌肉的疼痛，增强肌力，调节情志，延缓衰老，使人延年益寿。太极拳秉承中医阴阳相济、辩证统一的哲学思想，姿势拳法贯通一气、绵延相承，动中求静，有舒筋通络、调理气血、柔韧筋骨等康复作用。太极拳作为一项安全、行之有效的锻炼方式，其康复医学价值得到肯定。作为中华几千年流传最为广泛的养身功法，太极拳适合各年龄段人群使用，且锻炼时不受场地、气候等限制。随着人们康复意识的不断增强，在传统运动理念和现代康复理念指导下，太极拳在疾病康复和预防中的应用将更加广阔。本章将分析太极拳形炼中的内在调控因素，如虚领顶劲、含胸拔背、敛臀收腹、圆裆开胯在改善异常身体姿势、发育型翼状肩胛、柔韧性扁平足和颈肩肌肉紧张等常见问题中的康复价值。

第一节　调整异常身体姿势

太极拳中的敛臀收腹动作是核心肌群激活的重要动作，对改善头前

第六章 太极拳在康复医学中的应用

伸、骨盆前倾、圆肩驼背等由核心肌群稳定性差引起的异常身体姿势具有重要意义。图 6-1 展示了两种不同的体态。在敛臀收腹动作时（左侧），臀大肌①、腘绳肌②、腹直肌③收缩，骨盆后倾带动腰方肌④牵引腰椎，使其稳定向后发力，调整腰椎曲度，减轻腰椎压力。因此，腰椎前凸的程度不仅取决于腹壁和椎旁肌的状况，也取决于附着在骨盆上的一些下肢肌肉。在衰弱的姿势中（右侧），腹肌⑤的放松将使脊柱的 3 种弯曲弧度，即腰椎前凸⑥、胸椎后凸⑦、颈椎前凸⑧更突出。结果使头部⑨前移，骨盆向前倾斜，连接髂前上棘和髂后上棘的连线斜向前下方，腰大肌⑩张力一旦增高，将使脊柱相对于骨盆倾斜并加剧腰椎前凸的程度。这种衰弱的姿态常见于疲劳状态和其他原因引起的肌肉张力低下的人群。在敛臀收腹动作时，脊柱曲度的伸直，从骨盆水平位开始骨盆的前倾被髋部伸肌纠正，腘绳肌和臀大肌收缩，使骨盆后倾、上棘连线恢复水平，骶骨也相应垂直，从而减少腰部曲度。减少腰椎前凸最关键的肌肉是腹肌，尤其是腹直肌。臀大肌和腹直肌的双边收缩使腰椎伸展，胸背肌肉的收缩使胸部曲度减小，颈椎椎旁肌收缩使颈椎伸直，这将使脊柱增长 1~3 cm⑪。因此腹肌不控制脊柱的下意识静态行为，但在敛臀收腹动作时，腹肌收缩对腰椎曲度伸直起到重要作用，从而调整整个身体的异常姿势。

站立时，身体被两下肢对称地支持，腰椎前凸，不发生左右侧弯。但是单腿站立时，骨盆倾斜导致支持臀比休息臀高，脊柱侧弯向支撑的一侧。为了弥补腰椎的侧弯，胸椎弯向相反方向，即向休息的下肢方向，以及朝着支持侧倾斜的肩部斜坡线方向弯曲。最后，颈椎向支持侧弯曲，与腰部的弯曲类似。这种在日常生活中常见的姿势为脊椎各个节段带来压力，甚至导致椎间盘的突出，从而引发疼痛。在敛臀收腹动作时，腘绳肌收缩，臀部缩紧，牵拉背部肌肉而回缩肩部，使整个脊椎恢复至正常状态。

此外，含胸拔背、敛臀收腹动作时，盆底肌与膈肌平行相对，促使腹内压均衡地作用于腹壁肌肉，膈肌和腹肌因而产生最佳的拮抗和协同作用。在吸气过程中，膈肌的收缩使中心腱下降，从而增大了胸廓纵径。这种变化很快受到纵膈的牵拉，尤其是腹腔内脏的阻挡，腹腔脏器由强有力的腹部肌肉构成的腹腔带固定在原位，腹部肌肉包括前方的腹直肌、腹横肌、腹内斜肌、腹外斜肌。如果没有这些肌肉，腹腔脏器将要向下、向前移动，中心腱就不能提供一个固定有力的锚点来帮助膈肌提升肋骨。因此，腹肌的拮抗和协同作用对膈肌行使功能非常重要。在一些疾病的情况下，这种作用将丧失。例如脊髓灰质炎，腹肌的麻痹会使膈肌的吸气功能减弱。在呼气过程中，膈肌松弛，腹肌的收缩降低了胸廓下口的下位肋骨，从而相应减小了胸廓的横径和前后径。同时，由于增大了腹腔内压，内脏上移，提升了中心腱。这就减小了胸廓纵径，关闭了肋膈隐窝。由于腹肌能同时减小胸廓的 3 个径线，所以它可以被称作是完美的膈肌拮抗肌。敛臀收腹动作使膈肌和腹肌在各自作用时都处于持续收缩状态，但是它们的紧张性相反。在吸气时，膈肌的紧张度升高，而腹肌的紧张度下降。相反，在呼气时，腹肌的紧张度升高，膈肌的紧张度下降。这样可以提升核心肌群的动态稳定性，对运动中的肢体起到灵活的调控作用。

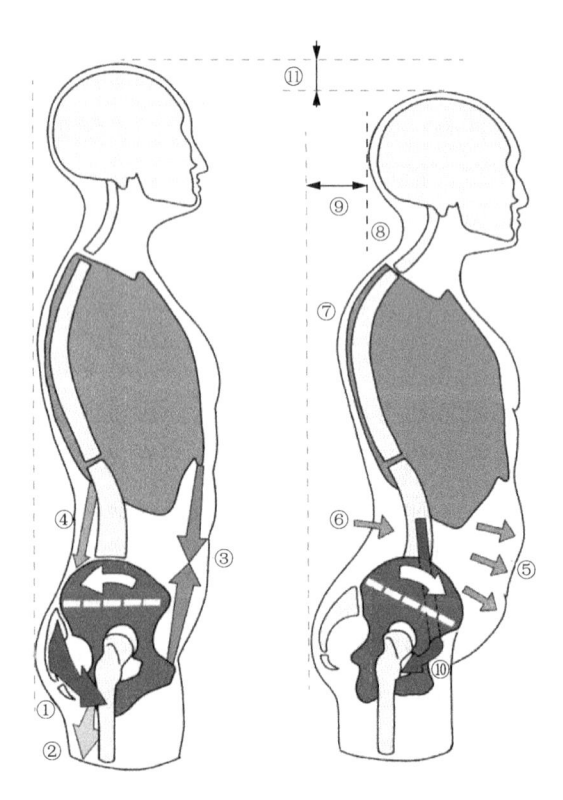

图 6-1　敛臀收腹对异常身体姿势调整示意图

第二节 抑制发育型翼状肩胛

发育型翼状肩胛是指儿童青少年在生长发育过程中出现的由肩关节肌肉力量发育不均引起的肩胛骨翼展与胸廓异常分离的现象。如图 6-2 所示，图中的箭头表示翼状肩胛发生时肩胛骨翘起的方向，也可见两侧同时发生或一侧更为严重的情况。肩关节是上肢与躯干连接的部分，也是上肢最大、最灵活的关节，可以进行屈、伸、收、展、旋转及环转的复合运动。在青少年儿童发育过程中，翼状肩胛会导致肩胛骨失去贴胸的作用力，从而使完成上举、外展、提拉及推动物体等动作受到限制，影响上肢功能的完善发育过程。因其常与圆肩驼背并见，引起体态异常，在一定程度上还影响儿童青少年的心理健康。

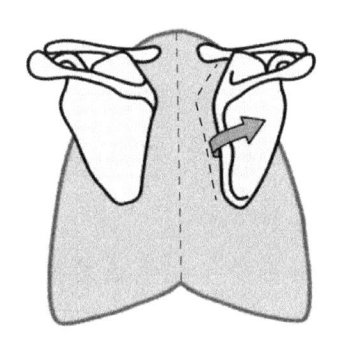

图 6-2 发育型翼状肩胛示意图

翼状肩胛产生的原因是肩关节动态稳定结构失效，导致肩胛骨无法正常贴合胸壁。这使得肩关节的活动受限，并且在肩关节活动时，肩胛骨会明显地向内缘翘起，从而引发肩胛的翼状畸形。这一结构主要由 3 块肌肉组成：前锯肌、斜方肌和菱形肌。前锯肌起源于第 1～9 根肋骨上外侧，止于肩胛骨的脊柱缘，是肩胛骨外围的主要肌肉之一，其作用是在抬高手臂时将肩胛骨固定在胸壁上。前锯肌是一块有 3 个功能节段的阔肌：上节类似一个圆柱体，起点位于第 1 和第 2 根肋骨，止于肩胛骨上中角的前缘，连接肩胛骨上角和前两根肋骨，提高肩胛骨上角的稳定性，在将手臂举过头顶时增强在肩关节旋转时肩胛骨的稳定性；中间部分起于第 2~4 根肋骨，止于肩胛骨前内侧边缘，连接肩胛骨的脊柱（内侧）边界和第 2~4 根肋骨，参与肩关节的外展动作；下节最大，起点位于第 5~9 根肋骨，止于肩胛骨的下边缘，将肩胛骨下角与第 5~10 根肋骨相连，参与肩关节向上和向外旋转。这 3 个肌束的共同作用是使肩胛骨的内缘紧贴胸壁，稳定肩胛盂的位置，共同实现上肢的功能。前锯肌薄弱会导致肩关节的活动范围明显受限，甚至出现肩部持续的疼痛，极大地降低肩部的力量和耐力，严重影响肩关节的功能。此外，长期放松的坐姿和站姿，会导致斜方肌下部纤维与菱形肌力量薄弱，降低辅助前锯肌稳定肩胛骨内侧的作用。

太极拳中的含胸拔背动作要求肩胛骨前伸，是针对前锯肌的有效力量训练；敛臀收腹动作要求肩胛骨下降、下回旋，是针对斜方肌下部纤维和菱形肌的有效力量训练。在虚领顶劲动作时，紧张的斜方肌上部纤维得到放松，能够保证下部纤维的收缩效能，与其他单一针对前锯肌的力量训练对比具有显著优势。

第三节　矫正柔韧性扁平足

柔韧性扁平足是指儿童青少年在生长发育过程中出现的由足踝部肌肉韧带松弛引起的足弓未完全发育的现象。足弓是由骨关节面、韧带和肌肉共同构成的复合体，其曲度和弹性可以随之改变，以适应不同的地面条件。在任何情况下，足弓都能够以最优的力学方式将重力施加的负荷和压力传递至地面，这对于步态的灵活性至关重要。足弓曲度变大或变小都将较大地削弱地面对躯体的支撑作用，影响走路、奔跑、跳跃和站立等下肢活动。足弓分为内侧纵弓、外侧纵弓、前侧横弓 3 个部分，其中内侧足弓塌陷是导致柔韧性扁平足的直接原因。

如图 6-3 所示，正常足部的内侧纵弓由 5 块骨骼构成，呈前后走向，①表示正常足部位于最高点的舟骨到地面的距离，②表示塌陷的足部的舟骨到地面的距离。内侧纵弓依靠韧带和肌肉保持一定的曲度，韧带可以抵抗强大但短暂的作用力,而肌肉则可抵抗持续性的作用力。维系内侧纵弓曲度的每块肌肉均位于纵弓上不同的两点之间,形成跨过部分或整个纵弓的弦,使足心到地面具有一定的距离③。胫骨后肌在拱顶处横跨部分纵弓,其作用极其重要。它坚韧的肌腱在距骨头下方,将足舟骨向后下方牵拉。很小程度的肌腱收缩可导致足舟骨方向的改变。肌腱的足底延伸部分和足底韧带相融合,并作用于中间的3块跖骨。腓长肌同样作用于内侧纵弓,通过弯曲内侧楔骨上的第1跖骨和足舟骨上的第2跖骨,使纵弓的曲度增大。长屈肌横跨大部分内侧纵弓,在穿过其深面的趾长屈肌的辅助作用下,显著影响纵弓的曲度,同时具有稳固距骨和跟骨的作用。当足舟骨向后推动时,跟距骨间的韧带首先被拉紧,随后,如同弓弦推动弓箭,肌腱向前推动距骨使其复位。由于趾长屈肌腱走行于跟骨载距突下方,它受到类似于推力的作用,从而使跟骨的最远端上抬,以适应距骨头施加的垂直作用力。此外,外展肌横跨整个纵弓,通过拉伸纵弓两端增大曲度。另外,附着于纵弓凸面的两块肌肉,即足拇长伸肌和在一定条件下的胫前肌有降低曲度和使纵弓变平的作用。

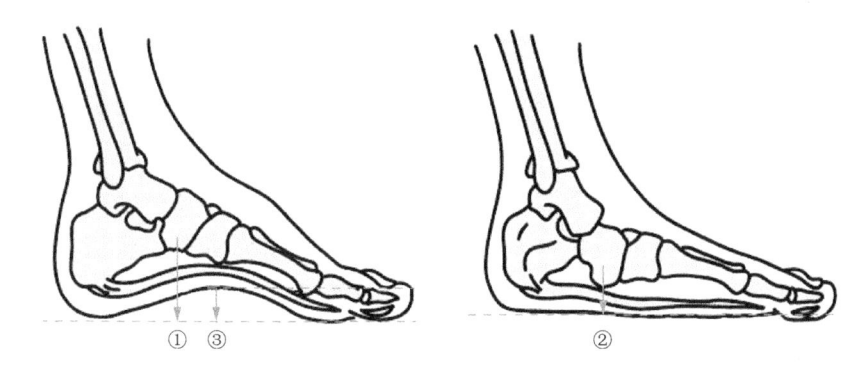

图 6-3 圆裆开胯对扁平足调整示意图

太极拳中的圆裆开胯动作要求膝关节外撑,这使整个下肢起到内收作用的肌肉强力收缩。踝关节内翻肌群包括胫骨后肌、长屈肌、趾长屈肌甚至是腓肠肌都在圆裆开胯动作时强力收缩。结合脚趾抓地动作,将内侧纵弓抬起,对儿童青少年柔韧性扁平足将起到康复治疗作用,并可在一定程度上减轻成人扁平足导致的足底疼痛感。

第四节　缓解颈肩肌肉紧张

如图 6-4 右侧所示，可以看到太极拳中的虚领顶劲动作姿势，这个姿势被头颈区域由头半棘肌、肩胛提肌、胸锁乳突肌、前斜角肌组成的绳索系统所平衡着。如果任何一条肌肉有过多的肌肉张力，就会干扰这个区域的垂直稳定性。如图 6-4 左侧所示，其中的慢性头部前倾姿势有一部分是头颈部过多向前突出。习惯性的头部前倾姿势至少有两个发生原因。

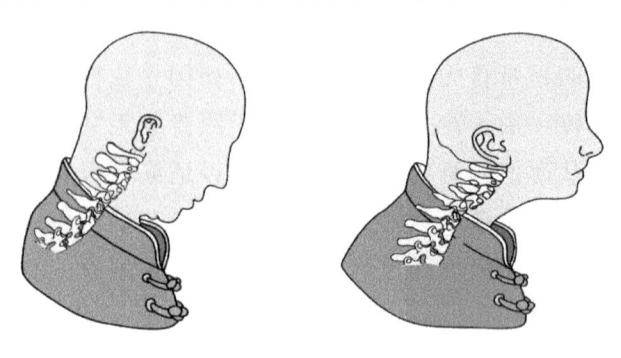

图 6-4　虚领顶劲对慢性头部前倾调整示意图

第一个原因是严重的颈部过度伸直使前方肌肉受伤，如胸锁乳突肌、颈长肌和前斜角肌，因此这些被过度拉扯的肌肉产生了慢性的肌肉挛缩，带动头部向前，导致屈曲增加，最明显的部位是在颈胸交界处。临床上常常伴随头部前倾姿势出现的一个重要表现是胸锁乳突肌在矢状面上的新位置。胸锁乳突肌的上端附着点在正常时落于胸锁关节后方，此时却会和头一起向前位移而使上端附着点直接落在胸锁关节上方。

第二个原因可能与一些颈部前方肌肉逐渐缩短有关。例如，当我们有目的性地将头颈部向前伸展，以便促进视线与身体前方的目标物体接触时，这种运作常见于看计算机屏幕、看电视或枕头过高时。若长期保持这种姿势，并且不改变这些肌肉的功能性休息长度，最终会使头部前倾姿势变成个人认为最自然的姿势。

无论何种原因导致的慢性头部前倾姿势，这一姿势本身就会增加伸直肌的压力，如肩胛提肌和头后半棘肌。枕骨下肌，如头后直肌，也会变得疲劳，因为它需要长期保持伸直力矩来维持头部和眼睛的水平。长期积累的肌肉紧张状态会将压力传递至整个头颈部，并可能引发局部肌肉、疼痛、挛缩或扳机点，尤其常见于肩胛提肌和枕骨下肌群。慢性头部前倾姿势与头痛、颈痛和颞颌关节炎等肌骨疼痛问题密切相关。其治疗的关键在于重建正确的头颈部姿势，恢复颈椎的生理曲度和肌肉的功能性作用。

在完成虚领顶劲动作时，椎前肌群被激活，胸锁乳突肌被拉长并恢复到功能性位置。二者协同收缩，拮抗头部相对于颈椎的过度伸展，同时使颈椎相对于胸椎的位置向后位移，从而有效调节颈椎的曲度。

相对于慢性头部前倾姿势，在完成虚领顶劲动作时，由于头部重量产生的阻力不变，而阻力点到位于第 7 颈椎支点的距离缩短，阻力矩减小，用以维持头部和视线水平的颈后肌群动力矩得以相应减小。这充分说明虚领顶劲动作可有效放松颈后肌群，使其回到功能性位置。

参考文献

[1] 陶富源. 价值论及马克思主义价值论[J]. 理论建设, 2015（3）: 71-85.

[2] 恩斯特·海克尔. 宇宙之谜[M]. 上海外国自然科学哲学著作编译组, 译. 上海: 上海人民出版社, 1974.

[3] 蔡龙云. 我对武术的看法[J]. 新体育, 1957.

[4] 唐豪, 顾留馨. 太极拳研究[M]. 3版. 北京: 人民体育出版社, 1996.

[5] 陈微明. 太极答问[M]. 上海: 中华书局, 1929.

[6] 陈微明. 太极剑[M]. 上海: 中华书局, 1928.

[7] 罗帅呈. 习练太极收获健康[N]. 人民政协报, 2022-09-09（10）.

[8] 庄周. 庄子全译[M]. 张耿光, 译注. 贵阳: 贵州人民出版社. 1991.

[9] 吉林大学《荀子》注释组. 荀子选注[M]. 长春: 吉林人民出版社. 1974.

[10] 王充. 论衡[M]. 上海: 上海人民出版社, 1974.

[11] 高士宗. 黄帝素问直解[M]. 3版. 北京: 科学技术文献出版社, 2001.

[12] 谭华. 体育史[M]. 北京: 高等教育出版社, 2009.

[13] 陈奇猷. 吕氏春秋校释[M]. 上海: 学林出版社, 1984.

[14] 人民体育出版社. 太极拳全书[M]. 北京: 人民体育出版社, 1988.

[15] 金景芳, 吕绍纲. 周易全解[M]. 长春: 吉林大学出版社, 1989.

[16] 张岱年. 中国哲学大纲[M]. 南京: 江苏教育出版社, 2005.

[17] 戴望. 诸子集成·管子校正[M]. 北京: 中华书局: 2006.

[18] 郭霞珍. 中医基础理论专论[M]. 北京: 人民卫生出版社, 2009.

[19] 任廷革. 黄帝内经灵枢经新校版[M]. 北京: 人民军医出版社, 2006.

[20] 郝勤. 中国古代养生文化[M]. 成都: 巴蜀书社, 1989.

[21] 杨伯峻. 列子集释[M]. 北京: 中华书局, 1979.

[22] 刘静. 太极拳健身理论论绎[M]. 北京: 北京体育大学出版社, 2008.

[23] 王新午. 太极拳阐宗[M]. 太原: 山西科学技术出版社, 2006.

[24] 杨澄甫. 杨澄甫武学辑注——太极拳使用法[M]. 邵奇青, 校注. 北京: 北京科学技术出版社, 2016.

[25] 陈鑫. 陈氏太极拳图说（简体版）[M]. 陈东山, 点校. 太原: 山西科学技术出版社, 2006.

[26] 孟轲. 孟子[M]. 王立民, 译评. 长春: 吉林文史出版社, 2004.

[27] 《管子》注释组. 管子选注[M]. 长春: 吉林人民出版社, 1975.

[28] 《荀子》注释组. 荀子选注[M]. 长春: 吉林人民出版社, 1974.

[29] 扫叶山房. 百子全书[M]. 杭州: 浙江人民出版社, 2013.

[30] 佚名. 荀子[M]. 孙安邦, 马银华, 译注. 太原: 山西古籍出版社, 2003.

[31] 王夫之. 张子正蒙注[M]. 北京: 中华书局, 1975.

[32] 张岱年. 中国古典哲学概念范畴要论[M]. 北京: 中国社会科学出版社, 1989.

[33] 周学胜. 中医基础理论图表解[M]. 北京: 人民卫生出版社, 2000.

[34] 杨殿兴, 邓宜思, 冯兴奎, 等. 黄帝内经读本[M]. 北京: 化学工业出版社, 2006.

[35] 沈寿. 沈寿·太极拳文集[M]. 北京: 人民体育出版社, 2005.

[36] 李志林. 气论与传统思维方式[M]. 上海: 学林出版社, 1990.

[37] 喻昌. 医门法律[M]. 徐复霖, 点校. 上海: 上海科学技术出版社, 1983.

- [38] 刘完素. 素问病机气宜保命集[M]. 孙洽熙, 孙峰, 整理. 北京: 人民卫生出版社, 2005.
- [39] 张秉山. 太极拳的三元结构[J]. 少林与太极, 2014 (8): 32-35.
- [40] 刘安. 诸子集成·淮南子[M]. 高诱, 注. 上海: 上海书店出版社, 1986.
- [41] 杨玉辉. 道教养生学[M]. 北京: 宗教文化出版社, 2006.
- [42] 王充. 论衡校注[M]. 张宗祥, 校注. 郑绍昌, 标点. 上海: 上海古籍出版社, 2013.
- [43] 田野. 运动生理学高级教程[M]. 北京: 高等教育出版社, 2003.
- [44] 李庆雯, 徐冬青, 邵琦琦, 等. 餐后有氧联合抗阻运动对糖耐量减低(IGT)人群干预效果研究[J]. 天津体育学院学报, 2020, 35 (3): 316-320.
- [45] 王先谦. 后汉书集解[M]. 北京: 中华书局, 1984.
- [46] 孙思邈. 备急千金要方[M]. 北京: 人民卫生出版社, 1955.
- [47] HUI S S, WOO J, KWOK T. Evaluation of energy expenditure and cardiovascular health effects from Tai Chi and walking exercise[J]. Hong Kong medical journal, 2009, 15(Suppl 2): 4-7.
- [48] HUI S S, XIE Y J, WOO J, et al. Practicing Tai Chi had lower energy metabolism than walking but similar health benefits in terms of aerobic fitness, resting energy expenditure, body composition and self-perceived physical health[J]. Complementary therapies in medicine, 2016(27): 43-50.
- [49] TAYLOR-PILIAE R E, FROELICHER E S. Effectiveness of Tai Chi exercise in improving aerobic capacity: A meta-analysis[J]. Journal of cardiovascular nursing, 2004, 19(1): 48-57.
- [50] LEE M S, LEE E N, ERNST E. Is tai chi beneficial for improving aerobic capacity? A systematic review[J]. British journal of sports medicine, 2008, 43(8): 569-573.
- [51] HUANG X, WEI F, HU L, et al. Epidemiology and clinical characteristics of COVID-19[J]. Archives of Iranian medicine, 2020, 23(4): 268-271.
- [52] ALAWNA M, AMRO M, MOHAMED A A. Aerobic exercises recommendations and specifications for patients with COVID-19: A systematic review[J]. European review for medical and pharmacological sciences, 2020, 24(24): 13049-13055.
- [53] 张伟, 江海娇, 鲁卫华, 等. 方舱医院新型冠状病毒肺炎患者心理干预及康复经验总结[J]. 中华护理杂志, 2020, 55 (S1): 603-605.
- [54] 赵刚, 陈民盛, 庄礼, 等. 太极拳运动对Ⅱ型糖尿病患者身体形态、血脂与胰岛素抵抗的干预效果分析[J]. 南京体育学院学报 (自然科学版), 2017, 16 (1): 1-7.
- [55] 马莳. 黄帝内经灵枢注证发微[M]. 王洪图, 李砚青, 点校. 北京: 科学技术文献出版社, 2000.
- [56] 毕业, 陈文鹤. 太极拳运动对高血压患者血液流变性的影响[J]. 中国运动医学志, 2005, 24 (5): 606-607.
- [57] 刘涛, 黄起东, 刘伟忠. 太极拳运动对老年高血压患者血压、血液流变学及远期生活质量的影响[J]. 中国老年学杂志, 2018, 38 (6): 1396-1398.
- [58] 马中林, 单丹, 赵志刚. 社区老年女性太极拳运动对血液流变学影响[J]. 中国农村卫生事业管理, 2013, 33 (12): 1439-1440.
- [59] 卢苇. 太极拳对老年2型糖尿病患者血液流变学的影响研究[D]. 成都: 成都中医药大学, 2018.
- [60] 尹中, 杜立建, 孔令玉. 亚健康与脊柱关系解析[J]. 河北中医, 2010, 32 (7): 1010-1011.
- [61] 苏清君, 胡海平. 关于太极拳运动对慢性腰痛防治机理的中医学探讨[J]. 黑龙江医药, 2009, 22 (1): 48-49.
- [62] 武冬, 闫晓鹏. 太极拳云手技术对脊柱曲度影响的实证研究[J]. 北京体育大学学报, 2017, 40 (1): 129-137.
- [63] SHEM K, KARASIK D, CARUFEL P, et al. Seated Tai Chi to alleviate pain and improve quality of life in individuals with spinal cord disorder[J]. Journal of spinal cord medicine, 2016, 39(3): 353-358.

[64] 丁献军，范顺武，虞和君. 运动疗法治疗非特异性下背痛的疗效分析[J]. 中国骨伤, 2004, 17 (7): 432-433.

[65] 韦春德，等. 韦以宗论脊柱亚健康与疾病防治[M]. 北京：北京科学技术出版社, 2007.

[66] 李有华，李英奎. 太极拳联合太极桩对功能性踝关节不稳者平衡能力的影响[J]. 北京体育大学学报, 2020, 43 (11): 127-136.

[67] 王哲培，张凯，保罗，等. 太极拳对老年女性下肢静态平衡、本体感觉与功能活动的影响[J]. 中华老年骨科与康复电子杂志, 2018, 4 (5): 296-301.

[68] TSE S K, BAILEY D M. T'ai chi and postural control in the well elderly[J]. American journal of occupational therapy, 1992, 46(4): 295-300.

[69] LAN C, LAI J S, WONG M K, et al. Cardiorespiratory function, flexibility, and body composition among geriatric Tai Chi Chuan practitioners[J]. Archives of physical medicine and rehabilitation, 1996, 77(6): 612-616.

[70] 赵影，虞定海，杨慧馨. 不同年限太极拳锻炼对中老年女性静态平衡能力的影响[J]. 中国运动医学杂志, 2014, 33 (10): 1015-1018, 1021.

[71] 杨慧馨，虞定海. 太极拳锻炼与快走锻炼中老年女性静态平衡机能比较[J]. 中国运动医学杂志, 2013, 32 (5): 437-440.

[72] 王强，杨立群. 不同养生功法在膝骨关节炎患者中的对比研究[J]. 成都体育学院学报, 2021, 47 (4): 107-111.

[73] 毛敏，马刚，权琳琳，等. 太极拳搂膝拗步动作的下肢动态稳度、关节运动及肌电活动规律特征分析[J]. 山东体育学院学报, 2021, 37 (3): 24-30.

[74] 李振瑞，占超，郭超阳，等. 预防老年人跌倒的最佳太极拳运动量的 Meta 分析[J]. 时珍国医国药, 2021, 32 (2): 504-509.

[75] WU G, HITT J. Ground contact characteristics of Tai Chi gait[J]. Gait posture, 2005, 22(1): 32-39.

[76] LAI J S, LAN C, WONG M K, et al. Two-year trends in cardiorespiratory function among older Tai Chi Chuan practitioners and sedentary subjects[J]. Journal of the American geriatrics society, 1995, 43(11): 1222-1227.

[77] 梁占歌，汪美芳. 太极拳与广场舞锻炼对中老年女性下肢肌力与平衡能力的影响[J]. 中国运动医学杂志, 2020, 39 (4): 307-311.

[78] WU G, LIU W, HITT J, et al. Spatial, temporal and muscle action patterns of Tai Chi gait[J]. Journal of electromyography and kinesiology, 2004, 14(3): 343-354.

[79] CHRISTOU E A, YANG Y, ROSENGREN K S. Taiji training improves knee extensor strength and force control in older adults[J]. Journal of gerontology. Series A, biological sciences and medical sciences, 2003, 58(8): 763-766.

[80] BELLEW J W. The effect of strength training on control of force in older men and women[J]. Aging clinical and experimental research, 2002, 14(1): 35-41.

[81] XU D Q, LI J X, HONG Y L, et al. Tai Chi movement and proprioceptive training: A kinematics and EMG analysis[J]. Research in sports medicine, 2003, 11(2): 129-143.

[82] TSANG W W, HUI-CHAN C W. Effects of Tai Chi on joint proprioception and stability limits in elderly subjects[J]. Medicine and science in sports and exercise, 2003, 35(12): 1962-1971.

[83] 朱欢，胡庆华，彭爱萍，等. 长期太极拳运动对中老年人膝关节皮肤微血管反应性、经皮氧分压的影响[J]. 中国应用生理学杂志, 2020, 36 (4): 321-323, 384.

[84] XU D, HONG Y, LI J, et al. Effect of Tai Chi exercise on proprioception of ankle and knee joints in old people[J]. British journal of sports medicine 2004, 38(1): 50-54.

[85] 华冰. 扰动性太极拳对老年女性下肢肌力、本体感觉及抗跌倒风险的干预效果[J]. 天津体育学

院学报，2018，33（3）：272-276.
- [86] MAO D W, LI J X, HONG Y L. Plantar pressure distribution during Tai Chi exercise[J]. Archives of physical medicine and rehabilitation, 2006, 87(6): 814-820.
- [87] MAO D W, LI J X, HONG Y. The duration and plantar pressure distribution during one-leg stance in Tai Chi exercise[J]. Clinical biomechanics, 2006, 21(6): 640-645.
- [88] ZHANG T, MAO M, SUN W, et al. Effects of a 16-week Tai Chi intervention on cutaneous sensitivity and proprioception among older adults with and without sensory loss[J]. Research in sports medicine, 2021, 29(4): 406-416.
- [89] 李立，陈玉娟，翟凤鸣，等．长期从事太极拳运动老年人足底压力分布特征及平衡能力研究[J]．中国康复医学杂志，2016，31（9）：984-988.
- [90] BURISH T G, JENKINS R A. Effectiveness of biofeedback and relaxation training in reducing the side effects of cancer chemotherapy[J]. Health psychology, 1992, 11(1): 17-23.
- [91] 王国谱，松本清，佐久间春夫．太极拳促进中枢神经与外周本体感觉的心理生理学效果[J]．武汉体育学院学报，2007，41（2）：40-43.
- [92] 吕墨竹，郭峰．基于sLORETA脑成像技术探究太极拳运动对中老年人安静状态下脑波影响的研究[J]．沈阳体育学院学报，2019，38（2）：130-139.
- [93] 姬瑞敏．24式太极拳运动对中年女子练习者的脑电波以及情绪变化的影响[J]．成都体育学院学报，2018，44（6）：121-126.
- [94] 余资江．脑衰老与神经干细胞移植治疗研究进展[J]．中国实用医药，2008，3（28）：180-182.
- [95] 王虎清，吴海琴．衰老过程中神经系统的作用[J]．国外医学（老年医学分册），2008，29（2）：53-56.
- [96] 石磊．太极拳锻炼对慢性肾炎患者疗效的影响[J]．中华物理医学与康复杂志，2012，34（6）：467-469.
- [97] 孙福立，浦群，黄植文，等．太极拳锻炼对知识型中老年人前额脑电慢节律变化的影响[J]．中国老年学杂志，2000，20（3）：139-140.
- [98] 杨苗苗，王晓娜，周越．太极拳练习前后脑电信号变化特点的研究[J]．北京体育大学学报，2015，38（3）：67-71.
- [99] 张晓斐．太极拳锻炼对老年人健康影响研究的现状与展望[J]．运动，2014（14）：147-148.
- [100] 王国谱，王文超，佐久间春夫．不同状态性焦虑者参加太极拳运动前后脑波特征及状态性焦虑的变化[J]．体育学刊，2006，13（6）：43-47.
- [101] 王国谱，杨勇，吴金花，等．运用脑波分析太极拳身心调控的作用[J]．北京体育大学学报，2012，35（8）：80-83.
- [102] 陈子明．太极拳精义[M]．太原：山西科学技术出版社，2008.
- [103] 林中鹏．中华气功学[M]．北京：北京体育学院出版社，1988.
- [104] 文建生，苏敏．太极拳逆腹式呼吸的生理效应研究[J]．北京体育大学学报，2012,35(3):67-70.
- [105] 李文颢，吴知凡，荆纯祥，等．陈氏太极拳对糖尿病前期患者心肺耐力的影响[J]．中华中医药杂志，2019，34（6）：2807-2809.
- [106] 吕乾瑜，李俊佳，唐菁菁，等．太极拳康复训练对稳定型心绞痛患者心绞痛发作、生活质量及心肺储备功能的影响[J]．中医杂志，2021，62（21）：1895-1900.
- [107] 张轶丹，栗春玲，刘洋，等．24式太极拳干预治疗抑郁症患者40例疗效观察[J]．世界最新医学信息文摘，2015，15（98）：72, 247.
- [108] 程新英．太极拳运动延缓衰老的效果与机制[J]．老年医学与保健，2017，23（6）：590-592.
- [109] 胡建平，韩佩轩，桑笑乐，等．太极拳康复训练对中老年慢性阻塞性肺疾病稳定期患者的临床疗效[J]．中国老年学杂志，2020，40（24）：5225-5227.

[110] 王莉华，高亮. 太极拳锻炼对老年人 COPD 患者干预效果的 Meta 分析[J]. 广州体育学院学报，2020，40（6）：95-101.
[111] 蔺志华. 道家养生功法之研究[D]. 上海：上海体育学院，2009.
[112] 陈李圳，景向红，代金刚. 太极拳和八段锦缓解慢性疼痛机制的研究进展[J]. 中医杂志，2021，62（2）：173-178.
[113] 郭志禹，姜娟. 中国太极拳健康文化系统的研究[J]. 上海体育学院学报，2006，30（3）：57-61.
[114] 姜娟. 太极拳健身技理及其科学基础[M]. 北京：北京体育大学出版社，2009.
[115] 郑松波. 太极拳健身原理研究[D]. 南昌：江西师范大学，2003.
[116] 孙禄堂. 孙禄堂武学录[M]. 北京：人民体育出版社，2001.
[117] 吴鉴泉. 吴氏太极拳[M]. 陈振民，整理. 台北：华联出版社，1984.
[118] 吴公藻. 太极拳讲义[M]. 上海：上海书店，1985.
[119] 汪永泉. 杨式太极拳述真[M]. 魏树人，齐一，整理. 北京：人民体育出版社，1990.
[120] 佚名. 老子道德经注校释[M]. 王弼，注. 楼宇烈，校释. 北京：中华书局，2008.
[121] 钱惕明. 太极内功心法全书[M]. 北京：人民体育出版社，2008
[122] 徐震. 太极拳谱笺 太极拳发微 太极拳新论[M]. 太原：山西科学技术出版社，2006.
[123] 河上公. 老子道德经河上公章句[M]. 王卡，点校. 北京：中华书局，1993.
[124] 于化行. 太极拳全书[M]. 太原：山西科学技术出版社，2008.
[125] 杨成寅. 太极哲学[M]. 上海：学林出版社，2003.
[126] 陈鑫. 古太极图[M]//王军. 论太极拳中的"圆"[D]. 济南：山东师范大学，2007.
[127] 赵增福. 中国赵堡太极[M]. 西安：兴界图书出版公司，1997.
[128] 徐震. 太极拳理与练法 定式太极拳 简式太极拳 意气功[M]. 太原：山西科学技术出版社，2006.
[129] 杨锡让. 实用运动生理学（修订本）[M]. 北京：北京体育大学出版社，2003.
[130] 孙福全. 太极拳学[M]. 北京：中华书局印刷所，1990.
[131] 陈子明. 陈氏世传太极拳术 太极拳精义[M]. 太原：山西科学技术出版社，2008.
[132] 刘天君，章文春. 中医气功学[M]. 4版. 北京：中国中医药出版社，2016.
[133] 苗东升. 钱学森系统科学思想研究[M]. 北京：科学出版社，2012.
[134] 苗东升. 系统科学大学讲稿[M]. 北京：中国人民大学出版社，2007.
[135] 苗东升. 论系统思维（六）：重在把握系统的整体涌现性[J]. 系统科学学报，2006，14（1）：1-5，81.
[136] 杨澄甫，陈微明. 太极拳术十要[J]. 少林与太极，2009（3）：40.
[137] 杨澄甫，陈微明. 太极拳说十要[J]. 武当，2003（11）：19.